Landesinstitut für Schule
Suchtprävention Bremen
Langemarckstr. 113, 28199 Bremen
Tel.: (04 21) 3 61 - 1 60 50
Fax: (04 21) 3 61 - 89 14
e-mail "suchtpraevention@uni-bremen.de"

Der Herausgeber beim Hammerwurf

RECLAM-BIBLIOTHEK

Die hier vereinten Texte von Literaten, Dichtern, Sport-lern, Philosophen, Essayisten und Journalisten kommen-tieren das Phänomen Sport im 20. Jahrhundert. Diese Anthologie ist kein Lesebuch der gesammelten Vorurteile; sie präsentiert vielmehr alle erdenklichen Spielarten der Sportapologie und Sportschelte: Texte, die den Sport zur eigentlichen Lebensform stilisieren, die ihn dramatisieren, die ihn heroisieren, aber auch solche, die ihn ironisieren und persiflieren, ja diffamieren und kriminalisieren. Ne-ben dem informativen Sportbericht steht der kulturkri-tische Essay, neben der Karikatur die Hymne, neben dem Pathetischen das ungewollt Komische.
Der Herausgeber Volker Caysa (geb. 1957 in Halberstadt) lehrt Geschichte der Philosophie und Sportphilosophie an der Universität Leipzig.

Sport ist Mord

Texte zur Abwehr körperlicher Betätigung

Herausgegeben von Volker Caysa

RECLAM VERLAG LEIPZIG

Mit 8 Karikaturen von Heinz Jankowsky

ISBN 3-379-01556-3

© Reclam Verlag Leipzig 1996 (für diese Ausgabe)
Quellenverzeichnis am Schluß des Bandes

Reclam-Bibliothek Band 1556
1. Auflage, 1996
Reihengestaltung: Hans Peter Willberg
Umschlaggestaltung: Matthias Gubig
Gesetzt aus Meridien
Satz: Druckerei zu Altenburg
Druck und Bindung: Ebner Ulm
Printed in Germany

INHALT

Geständnis

Ihr fragt nach meinem Lieblingssport?
Nun gut, es ist der Mord.

Ja, ich sag's laut, ich morde gern,
besonders, wenn es heiß ist,
und wenn das Wasser in dem See
so klar und kalt wie Eis ist.

Dann ziehe ich die Kleider aus
und springe in die Wellen,
um dort mit Karpfen, Barsch und Aal
durchs kühle Naß zu schnellen.

Ja Bürger, lache nur getrost
und bleib in deinem Bette –
ich morde derweil frisch und froh
mit Fischen um die Wette.

Wie? Was?
Ich hör' ein Widerwort?
Der Sport heißt Schwimmen?
Und nicht Mord?
Wie war das nochmal?
Schwimmen?
Moment – ihr seht mich sehr verwirrt ...
Mein Gott – vielleicht hab' ich geirrt ...
Doch – Schwimmen könnte stimmen.

I Sport tötet den Geist und macht dem Tier gleich

»Ich habe es schon auf der Bahn gesagt: Wenn wir am Ziel sind, zahle ich es dir heim!«

WILHELM PFLEIDERER
Schiller als Sportdichter

Allen Gegnern des Sports, hauptsächlich den sogenannten Gebildeten unter ihnen, wird man stets mit starker Wirkung Dichter, oder noch besser die Klassiker unter den Dichtern, als Sportfreunde entgegenstellen können. Das zieht – und sieht man unsere großen Dichter genauer an, so ist fast keiner unter ihnen, der nicht irgendwo und irgendwie einen Sportzweig besungen hätte, sei es nun Ringen, Boxen, Laufen, Fußballern, Fischen, Reiten, Schiffahren usw. Ich erinnere nur an Klopstocks Ode auf das Schlittschuhlaufen, an Goethes Verse auf das Wandern, Fischen, Reiten, an Bürgers Reiterlieder und viele andere mehr. Daß aber Schiller in ganz hervorragendem Maße ein Verherrlicher des Sports war, das wissen selbst bedeutende Schillerforscher nicht, und doch ist dem so. Man muß nur Schiller richtig lesen können, und staunend erkennt der sportliche Literat, wie dieser Große es verstand, unseren Sport in allen Tönen zu besingen.

Schwimmer! Lest den »Taucher« (1797)! Einmal, zweimal! Ist je das Tauchen prächtiger, plastischer, sachkundiger beschrieben worden? Schade, daß es damals schon Preisjäger gab, sonst hätte der tüchtige Schwimmerjüngling, der anscheinend nicht hart genug trainiert war, nicht sein Leben gelassen. Und noch mehr schade, daß, wie leider heute immer noch, auch schon dazumal die Unsitte herrschte, einen Becher, das Symbol des Suffes, als Ehrenpreis einem Sportsmann zu geben. Vielleicht wollte jedoch Schiller andeuten, daß beim Schwimmen ab und zu »geschluckt« werden muß.

Ein weites Feld sportlich-literarischer Neugedanken tut sich hier den Schillerforschern auf. Der große schwäbische Dichter hat aber auch viel für die Leichtathletik übrig gehabt, ganz besonders muß es ihm der Waldlauf mit Hindernissen angetan haben. Wald- und Hindernisläufer! Nie hat euer kraftvoller Sport schönere, begeisterndere Verse gezeitigt als in Schillers Ballade »Die Bürgschaft« (1798). Herrgott! War das ein Waldlauf! Dauer drei Tage! Und diese Hindernisse, dagegen sind die heutigen Waldläufe Spaziergänge.

Alles wurde beherrscht, Schwimmen (fast hätte Damon vor diesem Hindernis aufgegeben), dann Ring- und Boxkampfeinlage; denkt an die Räuber, die aus dem Dickicht hervortreten! Das Allerinteressanteste dieses Sportgedichtes ist aber der Schluß. Schiller läßt Dionys (406–367, Tyrann von Syrakus) sprechen:

»Ich sei, gewährt mir die Bitte,
In eurem Bunde der Dritte.«

Zum erstenmal erzählt uns ein Wissender von der Gründung eines Sportbundes.

Dionys, hingerissen von der großartigen sportlichen Leistung eines Damon, eines Waldläufers, bittet um Aufnahme in den Klub. Interessant ist aber, daß der Sport auch schon damals keine gesellschaftlichen Unterschiede kannte. Dionys ist Fürst, also gewiß einer der oberen Zehntausend. Über Damon, des Waldläufers, Beruf streiten sich die Fachgelehrten. Da aber Damon ausdrücklich mehrere Male betont, daß er die »Schwester dem Gatten freien will«, so kann mit großer Sicherheit angenommen werden, daß Damon die Trauung selbst vorgenommen hat, also Pfarrer war. Ein herrliches Beispiel für alle Geistlichen, die unserem Sport noch fremd gegenüberstehen.

Pytias oder Phinitias, wie andere Quellen angeben, war zweifellos Bäckermeister. Ihn stellte Damon dem Tyrannen als Bürgen an seiner Statt. Die Statistik von Egon Lorenz, die bis in die Eiszeit zurückreicht, weist mit Bestimmtheit nach, daß der größte Prozentsatz aller Bürgen Bäckermeister war. Folglich muß Pytias auch dieses Gewerbes gewesen sein. Ein guter Klub also, tüchtige Männer jeden Standes, ohne Vorurteil. Ein Aristokrat, ein Wissenschaftler, ein Handwerker bildeten zusammen den ersten Sportverein, der die Pflege der Leichtathletik als Ziel nahm.

Die Zuschauer, die Massen? Auch sie waren schon vorhanden. Das Sportinteresse war so reichlich wie heute. Es heißt einmal: »Das Ziel, das die Menge gaffend umstehet.« Aber nicht nur, wie heute noch, gab es Sportgaffer, später in Sportkaffer umgewandelt, sondern auch Männer, die eine Sportleistung zu würdigen verstanden: »Und Erstaunen ergreifet das Volk umher.« Dieses Erstaunen geht zur hingerissenen Bewunderung angesichts der großartigen Leistung Damons über, als er am Ziel war. »Da sieht man kein Auge tränenleer.«

Eines ist sicher, mit der Entdeckung Schillers als Sportdichter ist eine neue sportlich-literarische Epoche angebrochen, sollte es aber Zweifler, Nörgler und Spötter geben, so rufe ich allen diesen Schillers Worte zu:
»Eine große Epoche hat das Jahrhundert geboren:
Aber der große Moment findet ein kleines Geschlecht!«
Jawohl!

»Ich wache morgens auf, frühstücke. Dann esse ich zu Mittag, danach esse ich zu Abend. Dann gehe ich ins Bett. Wer Goethe ist – keine Ahnung.«

Pete Sampras, Tennisprofi

Dichter sollten boxen

dann würde es um die Literatur besser bestellt sein – sagt Frank Thiess

Der Dichter Frank Thiess erzählt von seinen Arbeiten am – Punchingball / Sein Weg vom Stubenhocker zum Freiluftpoeten / Wie Hanteln und Turnen den Geist gelenkig machen

Es gab eine Zeit, in der Schriftsteller, Künstler, Literaten und andere menschliche Lilien auf dem Felde ohne ihr Café nicht existenzfähig waren. Erst im Café schien der

Menschheit Würde ihnen in die Hand gegeben, und im Qualm der Zigaretten formten sich Probleme und Ideen.

Man erwarte nicht, daß ich behaupten werde, diese Zeit sei vorüber. Da ich Cafés nie besuche, vermag ich über die zunehmende oder abnehmende Frequenz der Geistigen in diesen Räumen nichts auszusagen. Ich glaube nur, daß sich in den letzten Jahren eine Art Scheidung der Gruppen und Geister herausgebildet hat, die man etwa so begrenzen kann: Die einen gehen immer noch dahin, wo Blutorange und Zigarette auf Marmortischen glühn und stumm der Ober mit der Schürze steht, wo Dirne angetuschtes Lächeln zeigt und Ungar wild auf seiner Geige geigt. Und die andern ... wie soll ich das gleich sagen? ... die andern haben etwas Neues begriffen. Sie wissen, daß der geistige Arbeiter nicht Zerstreuung braucht, die erneut nervöse Reizungen erzeugt, sondern Entspannung, die vollkommen nur erzielt wird durch Spannung der andern Hälfte des Menschen, der körperlichen Hälfte. Sie haben das Geheimnis der geistigen Hygiene erkannt; sofern ich meinen Körper tadellos intakt halte, meine Energien auf sportliche, gymnastische, auf Freiluft-Dinge richte, diene ich nicht nur meinem Körper selbst, der doch meines Geistes Träger ist, sondern ich diene unmittelbar meinem Geiste: jeder Sport, jede Gymnastik hat nur Sinn und Erfolg, wenn sie auf intensiver Konzentration beruht. Ich kann nicht einmal mit dem Expander arbeiten und gleichzeitig mir überlegen, wie ich wohl am glaubhaftesten die Verabredung mit Lilly rückgängig mache. Und ich kann erst recht nicht boxen ohne schärfste geistige Sammlung. Wer auch nur zwei Runden im Ring gestanden hat, weiß, daß seinem Gehirn ebensoviel zugemutet wird wie seinen Fäusten. Ich kann, während ich trainiere, auch nicht vor mich hin dösen, sondern ich muß angespannt an die betreffende Leistung denken, wenn ich will, daß sie Erfolg haben soll. Also wieder eine Spannung, ohne Zweifel, aber eine solche, die den Geist neu durchblutet und polar umschaltet. Und endlich eine hygienische Spannung, da sie überflüssige Stoffe aus dem gesamten Ich ausscheidet.

Man wird mit dem edlen Schweiße, ohne den es nun einmal nicht geht, allen möglichen Unrat los, Unrat des Blutes und des Geistes, Komplexe und unverdrängte Unbewußtheiten, dumme Gedanken und sonstiges Unkraut, das einen hindert, seine Form zu finden. Da man nämlich aus Körper und Geist besteht, ist diese Form, sofern sie klar und wesensgemäß sein soll, eine körperlich-geistige. Sie ist Ausgleich aller Spannungen und Versuch, für sich selbst das ewige Ziel einer Harmonie zu verwirklichen.

So ist das nun mit uns Poeten, die wir nichts Rechtes in den Cafés anzufangen wissen, wir vergessen zwar nicht die Welt der Bohémiens, Dirnen und Nachtfalter, doch wir finden sie nicht gar so interessant, daß man um ihretwillen viel Zeit und Kräfte opfert. Beides pflegen wir sonnigeren Dingen aufzusparen. Ich könnte mir, selbst wenn ich an die Wochen angespanntester geistiger Arbeit denke, keinen Tag mehr ohne körperliches Training vorstellen. Denn so wie andere sich an Bier oder Kaffee oder Zigaretten gewöhnt haben, so habe ich mich daran gewöhnt, mindestens eine halbe Stunde am Tage mit oder ohne Apparate – je nach der körperlichen Disposition – im Winter und Sommer nackt meine Übungen zu machen. Werde ich dabei gestört oder gar daran durch irgendwelche Umstände gehindert, so ist es mit meiner guten Laune vorüber. Der Körper will seine Exerzitien, sonst reagiert er mit Mißbehagen und Rückgang der Maße. Ich gebe zu, das grenzt an Sklaverei. Doch jede Gewohnheit hat bekanntlich die Tendenz, uns zu versklaven, und da ist es mir immer noch lieber, ich gewöhne mich an Medizin- und Boxball als an Cherry-Cobler und Bar-Keepers.

Im Winter, in Berlin, beuge ich mich willig und dankbar der strengen Zucht meines bewunderten Lehrers, des hervorragenden Trainers Herbert Laeppché. Ihm verdanke ich die Verwandlung eines kriegsmüden, durch Krankheit und Überarbeitung geschwächten Körpers in einen sportlich zureichenden. Als ich Laeppché kennenlernte und nach den Möglichkeiten einer körperlichen Erneuerung ausfragte, sagte er nichts, was nicht präzis nach wenigen

Monaten eintraf: mein Schulterumfang hatte um 14 (vierzehn!) Zentimeter zugenommen, die Differenz zwischen Ein- und Ausatmen betrug nach sechzehn Wochen Training 12 Zentimeter, und über den ganzen Körper begann sich ein leichter Muskelpanzer zu legen, der mich – gern gesteh' ich's – beglückte wie eine große Entdeckung oder eine neue Wahrheit. Ich begann zu spüren, was ich diesem Manne, dessen Kenntnis des menschlichen Körpers ans Wunderbare grenzt, verdankte: ich arbeitete am Schreibtisch doppelt so leicht wie früher, ohne merkliche Ermüdung, ohne jähe Kurven von Lust und Unlust und mit neuem Vergnügen an der Existenz selbst. Als ich ihn aber fragte, wann wir mit Boxen anfingen, sagte er: »Wenn wir zwei Jahre Gymnastik getrieben haben.« Erst als ich etwa vierhundert Übungen konnte (heute habe ich knapp fünfhundert registriert!), stellte er mich vor den Doppelendball und lehrte mich die Anfangsgründe dieses schwersten aller Sports.

Im Sommer, in meinem Strandhause am Steinhuder Meer, setzt nun das eigentliche körperliche Leben ein. Jetzt gilt es die Lehren, welche ich im Winter empfangen habe, selbständig zu befolgen. Doch wieviel ich mich auch zwischen Boxbällen, Scheibenhanteln, Springschnüren, Expandern, Paddelboot und Gymnastikplatz hin- und herbewege, ich vermag aus eigener Intelligenz meine Maße nicht zu steigern. Und manche Verstauchung, manche Zerrung hat mir bestätigt, wie nötig gerade auf diesem Gebiete der Lehrer ist, wie unmöglich für den Laien, nach Büchern oder gar eigenen Ideen wild drauflos zu turnen, und wie bald die Körperkultur-Mode wieder verschwinden wird, wenn nicht dem Volke befähigte, verantwortungsvolle und kenntnisreiche Lehrer entstehen, die den einzelnen seinen Körper studieren, ihn Nahrung, Hautpflege, Massage und schöpferische Pausen in ihrem Werte erkennen lehren.

Man denke nicht, daß die Wissenschaft der Gymnastik eins – zwei – drei zu erfassen sei. Der Laie ahnt nichts von der Kompliziertheit eines klugen, individuell angepaßten

Trainings und weiß nicht, daß eine Steigerung körperlicher Fähigkeiten auf der anderen Seite mancherlei Entsagung unbedingt voraussetzt. Alkoholgenuß und reichliche Fleischnahrung, spätes Zu-Bett-Gehen und saloppes Leben verträgt sich niemals mit sinnvoller Körperbildung. Ich habe für mich anderseits den hohen Wert einer fleischarmen, gemüse- und obstreichen Kost, einer unerbittlichen Abhärtung und Energiestählung wohl erkannt. Meine Gäste haben meistens nach wenigen Tagen die Wohltat eines nach diesen Grundsätzen geordneten Lebens eingesehen, ein Kleidungsstück nach dem andern abgelegt und ihren Ruhm darin gesucht, bei Sturm eine Stunde auf dem See zu paddeln oder am Boxball wenigstens drei Runden lang ihren Mann zu stehen.

Man wird auch in Deutschland in den Kreisen der Geistigen einsehen müssen, welch ein Gewinn für den *ganzen* Menschen aus solchem Leben hervorgeht. Der Nordländer weiß es längst. Helge Lindberg ist ein vortrefflicher Schwergewichtsboxer, und Väinö Siikaniemi, der finnische Lyriker, hat auf der letzten Olympiade den zweiten Preis im Speerwerfen errungen. Es hat Lindbergs schöner Stimme bisher nicht geschadet, daß er den Sommer auf seiner Schäre vor Hangö nackt wie ein Äquatorialneger mit seiner reizenden Frau und seinen Buben lebt. Auch sein Kopf hat bei diesem Freiluftleben meines Wissens bisher keine Einbuße erlitten, und meine Frau, eine Amerikanerin, behauptet, ihre Leistungen als Sängerin dadurch entschieden gesteigert zu haben, daß sie von Jugend auf turnt, schwimmt, reitet, rudert und läuft und sich nie den Hals mit Tüchern verpackt. In ihrer Heimat kennt man es nicht anders und findet nichts lächerlicher als einen fetten Menschen, dem seine Dicke obendrein als Ausdruck der Kraft erscheint. Ein Typus, der in unserer Heimat leider noch recht häufig vorkommt. Mit seinem Aussterben würde nicht nur ein neuer Körper, sondern auch ein neuer Geist in Deutschland einziehen. Nun, ich hoffe, daß die junge Generation dafür sorgen wird.

Sport und geistiges Schaffen

Ich muß zugeben, daß ich die These, Körperkultur sei die Voraussetzung geistigen Schaffens, nicht für sehr glücklich halte. Es gibt wirklich, allen Turnlehrern zum Trotz, eine beachtliche Anzahl von Geistesprodukten, die von kränklichen oder zumindest körperlich stark verwahrlosten Leuten hervorgebracht wurden, von betrüblich anzusehenden menschlichen Wracks, die gerade aus dem Kampf mit einem widerstrebenden Körper einen ganzen Haufen Gesundheit in Form von Musik, Philosophie oder Literatur gewonnen haben. Freilich wäre der größte Teil der kulturellen Produktion der letzten Jahrzehnte durch einfaches Turnen und zweckmäßige Bewegung im Freien mit großer Leichtigkeit zu verhindern gewesen, zugegeben. Ich halte sehr viel von Sport, aber wenn ein Mann, lediglich um seiner zumeist durch geistige Faulheit untergrabenen Gesundheit auf die Beine zu helfen »Sport« treibt, so hat dies ebensowenig mit eigentlichem Sport zu tun, als es mit Kunst zu tun hat, wenn ein junger Mensch, um mit einem Privatschmerz fertig zu werden, ein Gedicht über treulose Mädchen verfaßt. Einige Leute, die vermutlich der Seifenindustrie nicht ganz fernstehen, haben versichert, daß der Zivilisationsstand eines Volkes an seinem Seifenverbrauch kontrolliert werden könnte. Demgegenüber setze ich vollstes Vertrauen in Männer wie Michelangelo, daß sie auch durch einen völlig unmäßigen Gebrauch von Seife nicht hätten gehindert werden können, die Zivilisation zu bedrohen. Ich kann Ihnen eine kleine private Erfahrung mitteilen. Vor einiger Zeit habe ich mir einen Punchingball gekauft, hauptsächlich weil er, über einer nervenzerrüttenden Whiskyflasche hängend, sehr hübsch aussieht und meinen Besuchern Gelegenheit gibt, meine Neigung zu exotischen Dingen zu bekritteln, und weil er sie zugleich hindert, mit mir über meine Stücke zu sprechen. Ich habe nun gemerkt, daß ich immer, wenn ich (nach meiner Ansicht) gut gearbeitet habe (übrigens auch nach Lektüre von Kritiken), diesem Punchingball einige launige Stöße versetze, während ich in Zeiten der Faulheit und des körperlichen Verfalls gar nicht daran denke, mich durch anständiges Training zu bessern. Sport aus Hygiene ist etwas Abscheuliches. Ich weiß, daß der Dichter Hannes Küpper, dessen Arbeiten wirklich so anständig sind, daß sie niemand druckt, Rennfahrer ist und daß George Grosz, gegen den ja auch keine Klagen vorliegen, boxt, aber sie tun dies, wie ich genau weiß, weil es ihnen Spaß macht, und sie würden es auch tun, wenn es sie körperlich ruinieren würde. (Etwas anderes ist es natürlich mit ungeistigen Arbeitern, wie etwa Schauspielern, die körperliches Training nötig haben, da ihre falsche Auffassung vom Theaterspielen sie zu ungeheuren Kraftleistungen zwingt.) Ich selber hoffe meinen körperlichen Verfall auf mindestens noch 60 Jahre auszudehnen.

»Der Sport ist der Arzt am Krankenbette des deutschen Volkes.«
Konrad Adenauer

»Jedermann an jedem Ort, mehrmals in der Woche Sport.«
Walter Ulbricht

»Der Sport züchtet Trottel, Herzkranke, Krüppel und Gewalttäter.« *Maurice Barrès, Schriftsteller*

EUGEN ROTH

Der gekränkte Badegast

Ein Mensch, an sich mit Doktorgrad,
Geht einsam durchs Familienbad.
Dortselbst beäugt ihn mancher hämisch,
Der zweifellos nicht akademisch.
Der Mensch erkennt, hier gelte nur
Der nackte Vorzug der Natur,
Wogegen sich der schärfste Geist
Als stumpf und wirkungslos erweist,
Weil, mangels aller Angriffsflächen,
Es ihm nicht möglich, zu bestechen.
Der Mensch, der ohne Anschluß bleibt
An alles, was hier leibt und weibt,
Kann leider nur mit einem sauern
Hohnlächeln diese Welt bedauern,
Wirft sich samt Sehnsuchtsweh ins Wasser,
Verläßt es kalt, als Weiberhasser,
Stelzt quer durchs Fleisch mit strenger Miene
Auf spitzem Kies in die Kabine,
Zieht wieder, was er abgetan,
Die Kleider und den Doktor an
Und macht sich, weil er fehl am Ort,
Zwar nicht sehr geltend, aber fort.

JANICE TAYLOR

Die Herren Athleten

Der ödeste Abend, den ich je verlebt habe, war der, den
ich in Gesellschaft eines Fußballkapitäns totgähnte, bis ich
eines Tages mit einem Berufsgolfspieler zu Abend aß, der
mich über seine Hemden unterhielt und davon, was er

alles in England geleistet hätte, wenn er hätte nüchtern bleiben können. Das blieb dann ein neuer Rekord, bis ich nach und nach die Bekanntschaft eines Tennisspielers, eines Hockeystürmers und eines Preisboxers machte. Der Tennisspieler war der Gipfel puren Stumpfsinns, der Preisboxer wiederholte unentwegt, daß ihn niemand k. o. schlagen könne, und der Hockeyspieler, ein verwegen aussehender Teufel mit einem bezaubernden Profil, wurde gegen halb zehn Uhr jämmerlich schläfrig und mußte heimgeschickt werden. Ich fürchte, daß mich athletische Herren langweilen!

Einer der Glanzpunkte meiner bewegten Laufbahn war der Augenblick, als ich in einem Klubhaus stürmisch an die mächtige Brust eines Halbschwergewichtmeisters gerissen wurde, der mich anschnarrte: »Mit dir macht das Tanzen noch Spaß, Puppe. Puppe, das ist mal was anderes mit dir. Mit dir, Puppe, ist es ein Heidenspaß.« Es wurde einem fast unmittelbar klar, daß das praktisch alle Worte waren, die er in irgendeiner Sprache kannte. Ich kann mich seines beleidigten Tonfalls erinnern, als er mir beim Abschied sagte: »Puppe, macht es dir mit mir keinen Spaß? Ehrlich, es macht mir einen Riesenspaß mit dir, Kleine. Es wundert mich, daß es dir keinen Spaß mit mir macht?!«

Mein gesellschaftliches und berufliches Zusammentreffen mit prominenten Athleten hat mir die Überzeugung beigebracht, daß sie in der Hauptsache eine Sammlung gutmütiger Tölpel sind, schöne sture öffentliche Gladiatoren, denen nie erlaubt werden sollte, ihre Flanellhosen, Fußballtrikots oder andere malerische Kostüme auszuziehen und den Versuch zu wagen, sich auf gleicher Ebene unter gescheite Leute zu mischen.

Die Eitelkeit jedes bekannten Athleten ist unerträglich, sein bevorzugter Gesprächsstoff seine körperliche Verfassung. Er erzählt einem entweder, daß er sich in Form fühle, nie besser daran war in seinem Leben, oder daß irgend etwas mit ihm los sei (er wisse nicht genau was) und daß ihn das beunruhige, denn bisher hätte ihm nie etwas gefehlt.

Ich habe mich das eine und andere Mal mit *Gene Tunney*

unterhalten: er sprach von sich selber; mit *Charles Paddock*: sprach von sich; *Benny Friedman*: sprach von sich; *Walter Hagen*: sprach von sich (wenn auch in amüsanter Weise); *William T. Tilden*: sprach zwar nicht von sich, aber von seiner Tennisspielerei; *Primo Carnera*, der von sich selbst gesprochen hätte, wenn er hätte Englisch sprechen können, und der das auch prompt tat, als ich ins Italienische hinüberwechselte; mit *Max Schmeling*, der sein Eigenlob besser auch in seiner Muttersprache sang.

Man hat mich belehrt, daß Athleten ein großes Gut der Nation seien und daß die Rasse mehr oder minder von ihnen abhänge, den physischen Standard aufrechtzuerhalten, vorausgesetzt daß tüchtige Weibchen beschafft werden können; aber eine flüchtige Nachprüfung erbrachte nicht den Beweis der Richtigkeit dieser These. Der augenfällige Erfolg der Verkuppelung eines Schwergewichtmeisters mit einer Millionärstochter steht noch aus. Die langweiligste Faustkampfschau, zu der ich je geschleppt wurde, zeigte als einen der Mitwirkenden einen kahlköpfigen, fetten, zeitlupenlangsamen Kämpfer, bekannt als Jung-Bob Fitzsimmons, der, wie man mir erzählte, der Sohn des berühmten Meisters einer anderen Ära war. Und die einstens so glückliche Vereinigung Jack Dempseys und Estelle Taylors, zweier stämmiger Geschöpfe, ist offenbar nicht gesegnet. Wenn auch mein Erinnerungsvermögen unvollständig sein mag, so ist mir doch bis zum heutigen Tag nicht zu Ohren gekommen, irgendein Regierungsmitglied, führender Finanzmann oder großer Wissenschaftler sei je der Vereinigung zwischen einem Schlagballer und einer Soubrette, einem Halblinken und einem Tippfräulein entsprossen. Zugegeben, einstmals berühmte Fußballspieler scheinen neue Fußballspieler zu erzeugen, die sie auf die nämlichen Universitäten schicken, aber das ist nur ein Circulus vitiosus und mag, was mich anbetrifft, jederzeit aufhören, denn ein Fußballspieler wird automatisch eines der dümmsten Geschöpfe der Welt.

Ein baumlanger Ruderer, Tormann oder Hochspringer

geben einen hübschen Rahmen ab für ein Mädel und passen gut zu einem Pelzmantel oder einem neuen Hut; aber zum Hausgebrauch sehe ich meine klügeren Mitschwestern sich irgendeinen gerissenen kleinen Kerl anlachen, der nicht im Training ist, seine freie Zeit nicht dazu verwandt hat, sich auf eine ausgestopfte Stoffpuppe zu stürzen, im Kreis herumzurasen oder Freiübungen zu machen, und der nicht dauernd müde ist, sondern Zeit hat, sich darüber zu unterrichten, was in der Welt gespielt wird. Er kann die ganze Nacht durchtanzen, und da sein Körper keiner Mannschaft gehört, hat er kein Gewissen, das ihn zwickt. Während die klobigen Dickschädel sich gegenseitig in Klumpen schlagen und mit Blut besudeln im Wahn, sich dadurch anziehend zu machen, begleiten uns diese mittelgroßen Herren, die nichts Blutrünstigeres treiben als Bridge und Wochenendtennis, zu den Schaustellungen, unterhalten uns, während die Helden von ihren Trainern oder Einpaukern oder wer immer dieses zarte Amt übernimmt, ins Bett gesteckt werden, und heiraten uns vom Fleck weg, wobei sie uns Automobile halten, indem sie die Ex-Athleten für sich schuften lassen.

Hier ist glücklicherweise nicht der Platz, sich über die schrecklichen Spitzbäuche, Verfettungen und Verschwemmungen auszulassen, die irgendwann einmal in den blühenden Vierzigern diejenigen Herren Athleten heimsuchen, die es haben aufgeben müssen, stramm und heroisch zu sein, um statt dessen ihr Brot zu verdienen. Sie werden Dickwänste, bekommen Doppelkinn und Stiernacken, wobei sie ewig versprechen, wieder schlank zu werden, eines schönen Tages …

Sie sind ganz recht auf ihrem Platz, Fußballspieler und Baseballspieler, Läufer und Schwimmer und Boxer und Ruderer und Springer … Sie sind pittoresk und tun aufregende Dinge zum Klang der Musikkapellen, aber, alles gut und schön: wozu sind sie nutz?

»Aber ich bin kein Tier, ich bin ein Mensch.« *Mike Tyson, Boxer*

ALOIS BRANDSTETTER

Der Spitzensportler

Große Sportler müssen nicht dumm sein, niemand zwingt sie. Trainieren müssen sie, trainieren natürlich fleißig. Bleibt freilich wenig Zeit zum Lernen. Daß Spitzensportler dumm sind, ist längst als Klischee entlarvt. Klischees sind der triviale Ausdruck wohlfeiler Wahrheiten. Die Dummheit ist die Binsenweisheit des Sports. Die Ausnahmen sind nicht zu übersehen. Kluge Ausnahmen bestätigen die blöde Regel.

Es ist ganz einfach zu erklären, wie die Sportler zu ihrem schlechten intellektuellen Ruf gekommen sind. Intellektuelle haben ihnen diesen Ruf angehängt, sehr unsportliche Existenzen. Oft handelt es sich dabei um Journalisten und Schriftsteller, die aus einem Neidkomplex heraus alles körperlich Tüchtige und Athletische denunzieren. Der Verfasser des Buches »Der Leumund des Löwen«, das eigentlich »Die Verleumundung des Löwen« heißen sollte, mißt beispielsweise nur 1 Meter und 69 Zentimeter, das sagt alles.

Ich beginne von vorne und baue jetzt einmal systematisch einige Spitzensportler auf. Mein erster Kandidat heißt Siegfried, seine Angehörigen und die Reporter nennen ihn später Sigi, auch noch als alten Mann. Sigi ist Gastwirtssohn und Tiroler, er hat sieben Geschwister und einen elendslangen Schulweg. Sigi legt den langen Schulweg ins Tal im Winter, der hier sehr lange dauert und fast nicht mehr aufhören will, mit den Schiern zurück. Ich kann keinen Schulbus nicht benutzen, sondern fahre ich immer zu Fuhs zur Schuhle, schreibt der Bub einmal in einem Schuhlaufsatz. Sigi ist auf dem Schulweg besser als in der Schule, aber die Anfahrt wird leider nicht benotet. Sigi kommt jedenfalls schnell und gut zur Schule, aber dort langsam voran und schlecht weg. Er fährt von Jahr zu Jahr schneller zur Schule, weiß aber von Jahr zu Jahr weniger, wozu und warum eigentlich. Als Schifahrer fällt er auf, als Schüler ab. Am Schluß, erinnert sich später einmal sein Lehrer, raste der Sigi praktisch nur noch zum Sitzenbleiben zur Schule.

Die moderne medizinische Wissenschaft behauptet, daß ein überzüchteter Intellekt alles Vitale, Vegetative sowie den kreatürlichen und natürlichen Instinkt im Menschen verschüttet, ja abtötet. Ein Sportler aber muß Intuition besitzen und seinen Verstand abschalten können. Je weniger er abschalten muß, um so besser natürlich für ihn. Der Sportler muß sich konzentrieren können, er darf sich durch nichts irritieren lassen. Die Irritationen aber kommen aus dem Intellekt. Die Lateiner sagten: Mens sana in corpore sano, zu deutsch: Ein gesunder Geist in einem gesunden Körper. Gesund im sportlichen Sinne ist der Geist dann, wenn er sich nicht störend, das heißt überhaupt bemerkbar macht, sondern ruhig verhält. Einen gesunden Geist darf man wie einen gesunden Magen nicht spüren. Wo der Geist anfängt herumzugeistern und sich zu rühren und zu bewegen, ist er schon nicht mehr ganz gesund. Man nennt das Kopfweh. Soweit die Wissenschaft, die heute beim systematischen Aufbau eines Spitzensportlers nicht übergangen werden kann, warum auch ich beim systematischen Aufbau meines Sigi auf ihre fundamentalen Einsichten und Erkenntnisse nicht verzichten möchte.

Sigi zeigt auch später, als er bereits alle Schüler- und Juniorenrennen hinter sich und gewonnen hat, im Nationalkader eine unglaubliche physische Kondition und eine ganz außergewöhnliche psychische Konstitution, Stabilität und Robustheit. Den Diplompsychologen, der dem Trainer zur Seite gestellt worden ist, läßt Sigi samt seinem Diplom dort stehen. Sigi weiß und versteht einfach nicht, was der Studierte von ihm will. Und mehr als gewinnen kann Sigi ja nun wirklich nicht. Einen Gesunden können die Ärzte nur verderben. Sigi hat Nerven wie die Bergbahnen Drahtseile. Seine Seelenruhe steht zu den vielen Stundenkilometern seiner Schußfahrten im Umkehrverhältnis. Sigi ist immer der Erste. Sein damaliger Lehrer äußerte einmal den kuriosen Verdacht, daß Sigi wegen seiner Rechenschwäche immer nur Erster wurde. Er kann nicht besonders weit zählen, sagte der Lehrer.

Sigis Bildung reicht durchaus. Die Abfahrtszeiten der Züge und Flugzeuge sucht doch der Mannschaftsbetreuer heraus. Und um seine Finanzen kümmern sich einige Firmen, deren Produkte er trägt oder fährt.

So wurde der Hilfsschüler Siegfried allein durch schnelles Fortbewegen auf zwei länglichen Hölzern aus Kunststoff zum Nationalhelden und mit seinem Rennanzug in Schockfarben zum leuchtenden Vorbild der Jugend. Der Präsident der Republik forderte vor allem die studierende Jugend des Landes auf, sich am Sportler des Jahres und Olympiasieger Siegfried ein Beispiel zu nehmen. Denn trotz seiner sportlichen Erfolge war Sigi bescheiden geblieben, er machte nicht viel von sich her und gebrauchte auch in den Interviews immer nur seinen bescheidenen kleinen Wortschatz. Fragten ihn die Reporter nach einem Rennen: Sigi, wie war's?, so sagte er: Ich bin einfach voll g'fahr'n. Fragten ihn die Reporter nach seiner Meinung über das nächste Rennen: Sigi, wie wird's?, dann sagte er: Ich werd' wieder voll fahr'n.

Seine Heimatgemeinde schenkte Sigi ein Hotel und einen Geschäftsführer, einige Mädchen schenkten ihm Kinder. Denn schnell scharen sich um Spitzensportler immer sogenannte Spitzenfrauen. Seit sich Sigi nun aus dem aktiven Rennsport zurückgezogen hat, sitzt er in seinem Hotel und gibt Autogramme. Autobusweise kommen die Wallfahrer an. Siegfried aber, der große Siegfried, sitzt eingekeilt und umringt von seinen Verehrern und schreibt und schreibt, hundertemal hintereinander immer wieder seinen Namen in Bücher und auf Zettel: + + +. + + + ist auch der Verfasser eines Buches über den Schirennsport, es heißt »Meine Siege« und war ein Start-Ziel-Sieg, wie der Verleger auf einer Pressekonferenz sagte. Startauflage: 200 000 Exemplare. Gegen Leute, die behaupten, + + + sei gar nicht der Verfasser des Buches, werde er gerichtlich vorgehen, die Anzeige ist schon erstattet, sagte der Verleger, sie lautet auf Verleumdung.

Das war Siegfried, der erste von mir systematisch aufgebaute Sportler. Vielleicht sollte ich doch erwähnen, daß man bei der Errichtung eines Spitzensportlers auch auf scheinbar Belangloses wie die Namensgebung achthaben soll. In meinem ersten Fall bewährte sich natürlich der Name Siegfried. Nomen est omen, sagt der Lateiner, zu deutsch: Namen sind mehr als Schall und Rauch.

Beim zweiten Spitzensportler handelt es sich um einen Boxer. Er heißt Frank und ist Neger, was sich vor allem bei Verletzungen, sogenannten Cuts, günstig auswirkt, weil man das Blut nicht so bemerkt. Was die Notwendigkeiten auf dem Gebiete des Mentalen betrifft, so gilt auch hier im wesentlichen das am Beispiel des Tirolers Ausgeführte. Mit Rassismus hat meine Geschichte somit auf keinen Fall etwas zu tun. Bei Auftauchen eines solchen Vorwurfes kann ich beim jetzigen Stand meines Textes getrost meinen Landsmann Siegfried zitieren, den ich auch nicht nur mit Vorzügen versehen habe.

Auch bei Auf- und Ausbau eines Spitzenmannes auf dem Boxsektor müssen wieder Natur und Umwelt ein wenig mitspielen. Was das Körperliche anlangt, so ist hier etwas mehr vonnöten als nur eine Nase, die nicht zu weit in den freien Raum hinausragt, wie ein Laie vielleicht meint. Der Mann muß Gewicht auf die Waage bringen, dieses Gewicht darf aber nicht von Fett herrühren, sondern von festem Muskelfleisch.

Zum Sozialen: Ein Aufwachsen in Slums kann eine Boxerkarriere nur fördern. Der junge Mensch wird so frühzeitig auf seine körperlichen Möglichkeiten aufmerksam. Frank mußte sich durchboxen, von Kindheit an. Auch ein kurzes Gastspiel im Milieu und gewisse Erfahrungen mit Kriminellen können nur nützen, solange sie nicht ausgesprochen schaden.

Eines Tages kommt der Big Boß in den Slum, um nach Talenten Ausschau zu halten. Er stellt sich auf die Hinterhöfe und beobachtet die Balgereien der jungen Leute.

Über die Unterlegenen, die zu Boden gegangen sind, sieht er hinweg, die Fäuste der Sieger und Triumphatoren betrachtet er sich schon genauer. Einen aber nimmt er mit, kleidet ihn neu ein, bringt ihm Manieren bei und übergibt ihn dem Trainer. Dies ist der Anfang des unaufhaltsamen Aufstieges des Champions, des Meisters aller Klassen, den sie heute Frank the Lion nennen. Er führt aus dem Elend eines Slums einer mittleren Großstadt im amerikanischen Süden hinauf (Richtung Norden), steil hinauf bis zu den höchsten Ehren, die der Boxsport zu vergeben hat. Dies ist natürlich ein weiter Weg, liebe Freunde, und er kostet Kraft und Ganglien. Wenige haben ihn ohne Schaden zurückgelegt, mancher Boxer sieht danach leider wie ein Boxer aus. Damit ist nicht der Hund gleichen Namens gemeint, der diesen Namen nicht verdient, jedenfalls nicht mutwillig verschuldet hat. Er ist nur das Produkt einer sonderbaren Züchtung durch den Menschen. Eine Sache der Promotion.

Der dritte Sportler, den ich hier als literarischer Promotor promoviere, ist ein Fußballer, ein Vertreter eines Mannschaftssports. Die Art dieses Mannschafts- und Männersports verlangt von denen, die ihn ausüben, spezielle geistige und körperliche Voraussetzungen. Wir denken bei ersteren nicht an den absoluten Geist oder den Weltgeist, von dem Hegel spricht. Der Fußballer benötigt vielmehr Geist in der Form des Mannschaftsgeistes. Er soll kein extremer Individualist und Sonderling sein, er muß ja nicht nur spielen, sondern hin und wieder auch zuspielen. Wieder ist das Wichtigste aber das Unbewußte, man spricht etwa vom Riecher, auch Instinkt, einer zoologischen Fakultät also. Ich stehe aber nicht an zu behaupten, daß neben Geist, Instinkt und einem athletischen Körper zu einem überragenden Spitzensportler auf dem Felde des Fußballs noch mehr gehört, etwas schwer zu Beschreibendes, auch wissenschaftlich kaum Faßbares. Ich nenne es die Gnade des Himmels und den Eigentümer dieses göttlichen Geschenks den begnadeten Fußballer. Ein begnadeter Fußballer ist mehr als ein guter Fußballer.

Mein Superstar heißt Jesus Maria, genannt Jema, ist Südamerikaner und Mulatte und paßt somit als Mischling rassemäßig genau zwischen den weißen Tiroler und den schwarzen Amerikaner. Er beginnt bereits als Bub barfuß mit Konservenbüchsen zu schießen, steigt später auf sogenannte Fetzenbälle um und lernt erst relativ spät, nach seinem Eintritt in die Schülermannschaft, das runde Leder kennen. Von hier ab läuft seine Karriere nach dem bekannten südamerikanischen Muster, wie mit Oliven geölt.

Das Fußballspiel ist ein Kampf, seine Terminologie ist militärisch, taktisch, strategisch, es kennt Offensive und Defensive, Bomben und Granaten. Und es kennt Verletzte und Verwundete, in Südamerika auch jede Menge Sterbeszenen, simulierte vor allem, aber auch echte. Oft ist das Spiel nur der Auslöser einer größeren Schlacht auf den Rängen, manchmal sind das Spiel und die Schlacht auf den Rängen sogar die Initialzündung für eine kriegerische Auseinandersetzung zweier benachbarter Länder. Der Krieg ist die Fortsetzung des Fußballs mit anderen Mitteln, in Südamerika, ich spreche immer von Südamerika.

Schluß mit dem planmäßigen Aufbau von Spitzensportlern, halten wir die Gleichenfeier und setzen wir Rüstbäume.

Und wieder bleiben viele Fragen offen. Wie halten wir es mit dem olympischen Gedanken? Einer schreibt einen Brief an das Nationale Olympische Komitee mit der Bitte, bei den Spielen mitmachen zu dürfen. Er möchte nur dabeisein, siegen könne er gar nicht. Aber die Herren schreiben nicht zurück, eine Niederlage. Keine doppelte, sondern keine Moral. Und wie steht es um den Amateurstatus? Wann wird Amateur endlich als Beruf anerkannt, wie Installateur oder Spediteur. In den Fremdenverkehrsorten ist der Amateur, zu deutsch Liebhaber, längst eine feste Institution, es gibt somit schon Berufsbilder, an denen man sich orientieren könnte. Nicht behandelt wurde außerdem neben dem Spitzensport der Breitensport, neben dem Männersport der Frauensport. Ist der Sport wirklich nur eine herrliche, die herrlichste, und nicht auch die fraulichste Nebensache der Welt? Und zuletzt das delikate Problem des Hermaphroditen. Warum nur Damen *oder* Herren und nicht auch Zwitter, meine Damen *und* Herren?

»Mein Vater dachte, ich sei zu intelligent für einen Rennfahrer. Zum Glück hat er nicht recht gehabt.«

Damon Hill, Formel-1-Pilot

»Vom Feeling her habe ich ein gutes Gefühl.«

Andy Möller, Fußballspieler

ALFRED POLGAR

Der Sport und die Tiere

In jedem Zweig des Sports, soweit dieser nicht zu seiner Ausübung eigener Geräte bedarf, erscheinen auch die besten menschlichen Leistungen kümmerlich verglichen mit jenen der Tiere. Die Tiere sind großartige Sportler; vor dem, was sie auf sportlichem Gebiet zuwege bringen, können wir uns verstecken.

Zum Beispiel ist das Schwimmen der Fische, das kann man wohl sagen, über jedes Lob erhaben. Ihre Schwimm-Methoden sind vollkommen, ihre Ausdauer, auch auf langen Strecken, sowie die Geschwindigkeiten, welche sie erzielen, beschämen alles, was der Mensch in dieser Hinsicht leistet, und länger als sie, nämlich ein Leben lang, hält es kein Tauch-Weltmeister unter Wasser aus. Ja, sogar wenn sie tot sind, exzellieren sie noch als Rückenschwimmer. Dabei sind sie sehr konservativ in ihrer Schwimm-Technik, offenbar weil diese zu verbessern kaum noch möglich ist. Schon die kleinen Fische schwimmen wie die Erwachsenen und fühlen sich im Wasser in ihrem Element.

Wie hoch entwickelt der Flugsport bei den Vögeln ist, bedarf keiner Schilderung. Mit besonderem Neid blickt der Mensch auf die Sicherheit ihres Fluges, die eine fast absolute, hundertprozentige, ist und nur in einem Punkt vor der des Menschenflugs nichts voraus hat, nämlich darin, daß auch die Vögel herunterfallen, wenn sie abgeschossen werden. Im Sportflug also sind sie uns weit über, im Kriegsflug hingegen leisten die Menschen mehr, indem ihre Flieger-Bomben, -Pfeile und -Gastorpedos weit wirksamer sind als das, was die Vögel, und seien es auch die aggressivsten Raubvögel, aus der Luft fallen lassen.

Als Schwerathlet hat der Elefant nicht seinesgleichen, im Weit- und Hochsprung schlagen viele Tiere – denken wir nur an das Geschlecht der Katzen – unsere Spring-Matadore überlegen, Turner von solcher Kühnheit und Gelenkigkeit wie die Affen gibt es in keinem Turnverband der Erde, kein menschlicher Schwergewichtler nimmt es im Ringen auch nur mit einem Mittelgewichts-Bären auf, auf dem Gebiet der Hochtouristik werden wir niemals in die Nähe dessen kommen, was in diesem Sportzweig, noch dazu ohne besondere Ausrüstung, die Gemsen leisten, und zahllos sind die Tiere, die im Laufsport alles, was Menschenfüße können, als kläglichen Dilettantismus erscheinen lassen. Ich erwähne da nur das Wiesel, dessen Schnelligkeit so groß ist, daß man von ihm mit vollem Recht sagen darf, es laufe wie ein Wiesel.

In allen erwähnten Sportzweigen (und wahrscheinlich habe ich einige, die noch dazu kämen, vergessen) halten die Tiere den Rekord. Sie halten ihn auch durch manche Dauer-Leistungen, die nicht als sportlich in des Wortes hohem Sinn gelten können, aber von uns doch sportlich gewürdigt und gewertet werden. Zum Beispiel bringt kein menschlicher Dauer-Tänzer es zuwege, sich ohne Unterbrechung während so vieler Stunden um die eigene Achse zu drehen, wie das die Tanzmäuse mit imponierender Unermüdlichkeit zu tun imstande sind, der Langschlaf des

Murmeltiers schlägt alle menschlichen Standardleistungen auf diesem Gebiet, und welcher Durst-Künstler hielte es so lange ohne zu trinken aus wie das Kamel?

Nun ist allerdings, einer gerechten Einschätzung halber, zu erwähnen, daß die Tiere zu ihren sportlichen Großtaten durch Körper-Hilfen, die ihnen von der Natur mitgegeben sind, befähigt werden. Schwimmhäute und Flossen erleichtern das Schwimmen, Flügel und hohle Knochen das Fliegen, der Affe mit seinen opponierbaren Daumen an beiden Füßen hat es nicht schwer, ein genialer Turner zu sein, mit vier Beinen läßt es sich selbstverständlich rascher laufen als mit zweien, usw. Im Sport-Wettkampf zwischen Mensch und Tier steht also die Partie nicht egal. Aber sie wird wieder halbwegs ausgeglichen durch etwas, das nur der Mensch sein eigen nennt, wogegen es den Tieren jeder Kategorie fehlt: nämlich durch den sogenannten *Geist*, der eine Spezialität des Menschen ist. Die Tiere entbehren seiner; sie haben wohl eine Seele, aber keinen Geist.

Kraft seines Geistes also kann der Mensch es wagen, mit dem Tier auf sportlichem Gebiet in eine gewisse, wenn auch aussichtslose, Konkurrenz zu treten. Der Geist ist es, der ihm die Flossen, Flügel, das zweite Beinpaar ersetzen muß. Sozusagen: der Geist des Sportsmanns baut sich die Organe, die den Tieren ihre bewundernswerten schwer- und leichtathletischen Leistungen ermöglichen, er verwandelt sich geheimnisvoll in Körperliches. Und es ist klar, daß von seiner Substanz um so mehr aufgebraucht wird, je weiter diese mystische Verwandlung fortschreitet, je geeigneter also der Mensch sich macht, es den Tieren gleichzutun. Dabei wäre noch anzumerken, daß die großen Geschicklichkeiten, die der große Sport erfordert, erst dann sich voll auswirken, wenn sie dem Sport-Treibenden unbewußt geworden sind, wenn er seinen Körper dahin gebracht hat, im richtigen Augenblick automatisch das Richtige zu tun. Auch solcher Automatismus stellt eine Art Umwandlung von Geistigem in Körperliches dar.

Hier haben wir vielleicht eine Erklärung für die tiefgehenden intellektuellen Veränderungen, die, im Antlitz sich spiegelnd, an vielen leidenschaftlich dem Sport ergebenen Individuen so auffallend merkbar werden. Nichts ist umsonst; und jedem das Seine! Man schwimmt nicht wie ein Fisch und läuft nicht wie ein Wiesel, ohne etwas spezifisch Fischiges bzw. Wiesliges erworben, und dafür etwas spezifisch Menschliches abgegeben zu haben.

»Der Spitzensport wird künftig drei Wege gehen: er führt in die totale Professionalisierung mit ganztägigem Training, in das Zirkusdasein, wie es im Ski und Tennis schon üblich ist, und ins Panoptikum, denn anormaler Körperbau ist in einer Reihe Sportarten heutzutage schon die Voraussetzung für Höchstleistungen.« *Wildor Hollmann, Sportmediziner*

EUGEN ROTH
Leib und Seele

Ein Mensch mißachtet die Befehle
Des bessern Ich, der zarten Seele –
Bis die beschließt, gekränkt zu schwer:
Mit dem verkehre ich nicht mehr.
Sie lebt seitdem, verbockt und stumm
Ganz teilnahmslos in ihm herum.

JOACHIM RINGELNATZ
Zum Schwimmen
(Die Brüder)

Plumps! Nun liegst du endlich drin,
Nun hat es wirklich nicht mehr Sinn,
Noch länger den Denker und Dichter zu mimen.
Sonst gibt's mal was mit dem ledernen Riemen!
Lacht mal den Onkel aus, ihr Kinder!
Wißt ihr's?
Das ist der Erfinder
Des drahtlosen Schwebeklistiers,

Der Panslapopel, der große Mann!
Wie Seidenpapier liegt die Hose an.
Der Doktor phil. und der Doktor jur. – –
Ja, pruste du nur!
Wie eifrig du spuckst
Und das Gespuckte noch einmal verschluckst.
Du »Autor« von »Das Leben von Stosch!« –
Eine Qualle bist du, ein schleimiger Frosch,
Ein wulstiger, schwulstiger, schwappliger, nasser.
Und willst der Verfasser
Der Biographie sein!
Ziehe das Knie ein!
Nach auswärts die Beine!
Du Stubenhocker!
Hier sind ein paar Steine
Am Ufer recht locker. – –

Sieht aus wie Blaukraut mit Sommersprossen.
Na? Eins, zwei, drei – vier, fünf, die Hände geschlossen!
Und: eins, zwei, drei – vier, fünf; noch besser, viel besser!
Ich werde dir was von wegen Professor!
Los: eins, zwei, drei – vier, fünf. Du Schlumpsack, nur weiter!
Wird's? Eins, zwei, drei – vier, fünf. Nun 'ran an die Leiter!
Du ausgeschwängertes Schwielenschwein!
Ein Wort – und ich stoße dich nochmals hinein.

mens sana

Bei der Bewertung des Sports
als Lebensertüchtigung
wurde ein Faktor bisher
zu gering veranschlagt.
Sport kräftigt nämlich
nicht nur den Körper,
sondern durch Verblödung
trägt er auch geistig dazu bei,
den Lebenskampf zu erleichtern.

»Mein Leben kümmert mich einen Dreck. Deswegen bin ich
auch so erfolgreich – weil mir alles egal ist.«   *Mike Tyson, Boxer*

II Sport ist ungesund

»Ich finde, als mein Betreuer am Ring bist du einfach zu pessimistisch.«

Vergebliche Mühe

Ein Mensch, der willens, lang zu leben,
Beschließt dem Tod zu widerstreben
Und a) durch strenges Selbstbelauern
Die Krisenzeit zu überdauern
Und b) zu hindern die Vermorschung
Durch wissenschaftlich ernste Forschung.
Zu letzterm Zwecke wird bezogen
Ein Horoskop beim Astrologen,
Um nicht bezüglich der Planeten
In eine falsche Bahn zu treten.
Ist so gebannt Saturnens Kraft,
Hilft weiterhin die Turnerschaft,
Die Rümpfe rollend, Kniee beugend,
Ganz zweifellos wirkt kräftezeugend.
Die Rohkost birgt das Vitamin;
Wein und Tabak, er gibt sie hin.
Auch gilts den Vorrat an Hormonen
In reiferm Alter streng zu schonen.
So braut er sich den Lebenssaft
Aus ausgekochter Wissenschaft.
Ein Mensch, wie dieser, muß auf Erden
Unfehlbar hundertjährig werden.
Das Schicksal aber, das nicht muß,
Macht unversehens mit ihm Schluß.

»Sport sollte dazu beitragen, daß wir gesünder sterben und nicht kränker leben.«   *Ludwig Prokop, Sportarzt*

FRANZ MITTLER
Abhärtung

Im Frühling, wenn der Schnee am Bach taut,
Ihr Nest die Schwalbe unterm Dach baut,
Da ging ich gern ins kühle Tauchbad,
Wie weh mir auch danach mein Bauch tat.

BERTOLT BRECHT
Die Todfeinde des Sports

Der Sport hat hauptsächlich zwei Feinde, die ihm wirklich
gefährlich werden können. Erstens sind da die Leute, die
aus ihm mit aller Gewalt eine hygienische Bewegung
machen wollen. Diese Sorte von Leuten arbeitet mit Vorliebe unter der Devise, Sport sei gesund, und versucht
damit, in den Schulen und auch durch populäre Literatur
das, was an wirklichem Sportgeist in den jüngeren Leuten
steckt, für alle Zeiten zu ruinieren. Selbstverständlich ist
Sport, nämlich wirklicher passionierter Sport, riskanter
Sport, nicht gesund. Da, wo er wirklich etwas mit Kampf,
Rekord und Risiko zu tun hat, bedarf er sogar außeror-
dentlicher Anstrengungen des ihn Ausübenden, seine
Gesundheit einigermaßen auf der Höhe zu halten. Ich
glaube nicht, daß Lindbergh sein Leben durch seinen
Ozeanflug um zehn Jahre verlängert hat. Boxen zu dem
Zweck, den Stuhlgang zu heben, ist kein Sport. Der Zweck
des Sportes ist natürlich nicht körperliche Ertüchtigung,
sondern der Zweck körperlicher Ertüchtigung kann Sport
sein.
Der zweite Hauptgegner des Sports ist der wissenschaft-
liche Fimmel. Hierher gehören leider meistens mit be-

sonderer Unterstützung der Presse die krampfhaften Bemühungen einiger »Kenner«, aus dem Sport eine Art »Kunst« zu machen. Diesen Kennern wächst jetzt schon wieder auf der bloßen Hand eine ganze Nomenklatur von Fachausdrücken, und die Tendenz geht immer mehr aus l'art pour l'art. Im Boxsport äußert sich diese sportsfeindliche Tendenz in der Propagierung des Punktverfahrens. Je weiter sich der Boxsport vom K. o. entfernt, desto weniger hat er mit wirklichem Sport zu tun. Ein Boxer, der seinen Gegner nicht niederschlagen kann, hat ihn natürlich nicht besiegt. Sehen Sie sich zwei Männer an einer Straßenecke oder in einem Lokal einen Kampf liefern. Wie stellen Sie sich hierbei einen Punktsieg vor? Die Haupt-Todfeinde des natürlichen naiven und volkstümlichen Boxsportes sind jene Gelehrten, die an den Seilen sitzen und in ihre Hüte hinein Punkte sammeln.

Sie verstehen mich: je »vernünftiger«, »feiner« und »gesellschaftsfähiger« der Sport wird, und er hat heute eine starke Tendenz dazu, desto schlechter wird er.

»Ich habe nie gedopt – aus Angst vor Impotenz.«
Peter-Michael Diestel, Politiker

»Wir sind zwar moderne Gladiatoren und wollen unsere Leistung auch verkaufen. Aber wir Springer dürfen nicht zum Spielball anderer werden.«
Jens Weißflog zur Weitenjagd im Skispringen

KARL MICKEL
Siebter Gang

Neulich sah ich vor mir einen Burschen
Aufm alten Rad jedoch fünf Gänge
Ich fuhr heran, er sah mich kommen und
Trat ins Pedal, ich ruhig hinterher.
Der schuftete! der Oberkörper schwankte
Hätt ich ihn gesehn von vorn, ich hätte
Auf seiner Stirn den kalten Schweiß gesehn.
Dann trat ich an, nach einem Kilometer
Im siebten Gang, der war der günstigste
Zu groß nicht für den Antritt, nicht zu klein
Für hohes Tempo, vorsorglich geschaltet
Und zog vorbei. Ein Seitenblick belehrte
Mich über seine Jahre: zehn Jahre jünger
Mindestens, und ich bin fünfunddreißig.
Ich rollte aus, von ihm war nichts zu blicken
Ich schaltete auf meinen zehnten Gang
Der seinem fünften gleichkam, wartete
Bis er heran war, gab ihm eine Chance
Trat wieder an, er hielt nicht mit: im Windschatten!
Da war ich aber richtig stolz auf mich
All die Zigarren hatten nicht geschadet.

JOACHIM RINGELNATZ
Zum Wegräumen der Geräte

Veterinär, gleichzeitig Veteran,
Ein Mann, der 92 Jahre zählte,
Daß man zuletzt ihn aus Gewohnheit wählte,
Und trotzdem biegsam, schmiegsam wie ein Schwan.

Das war – trotz eines halbgelähmten Beines –
Der Ehrenvorstand unsres Turnvereines.
Und wirklich nahm er's noch im Dauerlauf
Und Schleuderball mit jedem Rennpferd auf.

Wettläufer sah ich – nun Gott weiß wieviel,
Doch ihrer keiner hielt wohl mit der gleichen
Bescheidenheit gelassen vor dem Ziel.
Denn niemand konnte ihm das Wasser reichen.
Dann griff er abseits zum Pokal. Und Hei!
Wie Donner klang sein Frisch-Fromm-Fröhlich-Frei.
Wie sich sein Vollbart, den er gern sich wischte,
Nach einem 80 cm-Sprung
Mit Kokosfasern einer Matte mischte,
Das bleibt mir ewig in Erinnerung.
Im Springen konnte überhaupt dem Alten
Zuletzt wohl keiner mehr die Stange halten.

Einmal, nach dem Genuß von sehr viel Weißwein
Verstauchte er beim Spaltsitz auf dem Reck
Ganz unvermutet plötzlich sich das Steißbein.
Er aber wich und wankte nicht vom Fleck.
Im Gegenteil, er brach, um uns zu necken,
Sich noch den Sitzknorren der Sitzbeine am Becken.
Er turnte gern der Jugend etwas vor
Und mühte sich vor Buben oder Mädeln,
Die Beine in die Ringe einzufädeln,
Wobei er niemals die Geduld verlor.
Dann staunte ehrfurchtsvoll solch junges Ding,
Wenn er wie Christbaumschmuck im Nesthang hing.

Denn was ein Nesthängchen werden will, krümmt sich
                                        beizeiten.

GEORG KREISLER
Sport ist gesund

Mein Vater, ein Hotelportier,
ging schwimmen einst im Tegernsee.
Ich hab vom Strand gewunken.
Dabei ist er ertrunken.

Mein Großpapa, ein Gasthauskoch,
bestieg einmal das Jungfernjoch
und fiel, weil er dort schlief,
ein paar Kilometer tief.

Mein Bruder war ein Jäger.
Eine Großwildjagd macht Spaß.
Ich hab einen Bettvorleger
von dem Löwen, der ihn fraß.

Mein bester Freund war Taucher.
Er ruht am Meeresgrund.
Und trotzdem schreibt die Zeitung
und trotzdem hört man überall:
Sport ist gesund!

Ich selbst habe auf mein Wort
im Skifahren einen Weltrekord:
Im Zeitraum von zwei Wochen
brach ich mir achtzehn Knochen.

Ich dachte, wenn ich Tennis spiel,
dabei passiert bestimmt nicht viel.
Ein Ball traf mich mit Schwung:
Nur Gehirnerschütterung.

Ich wandre gern und lange,
denn Sitzen macht zu fett.
Dann traf ich eine Schlange
und wanderte ins Bett.

Die Fuchsjagd ist ein schöner Sport.
Dort biß mich nur ein Hund.
Und trotzdem sagen die Ärzte
und trotzdem schreibt die Zeitung
und trotzdem hört man überall:
Sport ist gesund!

Doch letzthin denk ich dann und wann:
Wer weiß, vielleicht ist doch was dran.
Man kann es kaum bestreiten,
auch Sport hat gute Seiten.

Das ist verständlich, denn ich bin
verliebt in eine Sportlerin,
die schwimmt und springt und taucht.
Na, wer weiß, wozu man's braucht!

Ich führ sie zum Souper aus,
ich geh zum Tanz mit ihr
und dann in ein Kaffeehaus
und dann nach Haus zu mir.

Bei mir zu Haus umarm ich sie
und küsse ihren Mund
Das sagen ja auch die Ärzte,
es steht auch in der Zeitung
man hört's ja heute überall:
Sport ist gesund!

MANFRED CHOBOT

der turmspringer mit dem holzbein
(für Rudi Kruspel)

die ärzte haben ihre pflicht getan
bloß war die pflicht stümperhaft
ein sportler muß schmerzen ertragen
auch als das bein bereits blau war
blieb der gips dran und die diagnose aufrecht
stumpf sich abfinden wenn stück für stück
vom knochen abgesägt
setzten die weißbemäntelten unbeirrt
ihr behandlungswerk fort
hielten schadlos die heimischen sport-
funktionäre ihren ratschlag aufrecht
es möge der einbeinige nicht
ersatz fordern von seinen verstümmlern
weil schmerzen nicht berechenbar
und ein bein unbezahlbar sei aufrecht ungebrochen
hält einer sein zweites über wasser
und klopft auf das holz der prothese

BERTOLT BRECHT

Die Krise des Sports

Einen Mann, der in der Welt herumgekommen ist, habe ich kürzlich sagen hören, die Deutschen zeichneten sich (unter anderem) dadurch vor allen Völkern aus, daß sie zu jeder Tages- und Nachtzeit essen und zu jeder Tages- und Nachtzeit lieben könnten. Wenn dies zutrifft (und ich hoffe, daß es zutrifft), dann würde uns Sport sicher ganz guttun: es wäre dann nur allzu klar, daß für uns etwas geschehen muß.

45

Nun besteht bei den meisten unserer Erziehungsbeamten zweifellos eine natürliche Abneigung gegen Leibesübungen (es hat keinen Sinn, daß diese Leiber geübt werden). Wird diese Abneigung, die besonders von einer Seite ausgeht, die für unsere Jugend die Erlernung der griechischen Sprache empfiehlt, die Entwicklung des Sports aufhalten?

Ich glaube es nicht.

Das deutsche Bürgertum, das mit den Resten feudaler Kasten 1918 so rasch und verhältnismäßig gründlich aufräumte, das eine unpraktische und teure Offiziers- und Diplomatenkaste ohne mehr Sentimentalität, als der Anstand verlangte, zum alten Eisen warf, wird die Winke seiner geliebten Wissenschaftler in bezug auf eine Stabilisierung der Hygiene kaum in den Wind schlagen. Was sollten dicke Bäuche für einen Nutzen haben? Hygiene ist vorteilhafter als Medizin. Turnlehrer sind rentabler als Ärzte. Was ist besser: sich die Fußnägel schneiden oder sich nur immer größere Stiefel anschaffen?

Wenn der Sport nur laut und lang genug Hygiene brüllt, wird er schon gesellschaftsfähig werden. Die Frage ist nur, ob ihm das guttun wird.

Eine Propagandaschrift für die, sagen wir, gesellschaftliche Anerkennung des Sports könnte sehr reichhaltig sein. Man könnte eine Menge verlockender Argumente dafür anführen, daß der Sport in den Schulen gelehrt, von der Akademie kontrolliert und von der Nation zum Kulturgut erhoben werden müsse. Soll man es?

Man müßte zumindest zuerst einige sehr peinliche Eindrücke verwinden, die man in letzter Zeit empfangen hat.

Die Photos eines ältlichen deutschen Dramatikers als Diskuswerfer haben wohl uns alle mit banger Sorge, nicht für die Zukunft dieses Mannes, für die gesorgt ist, erfüllt, sondern für den Sport.

Andererseits waren die zynischen Photos einer in der Lebewelt gelesenen Monatsschrift, die einen Querschnitt durch das europäische Kulturleben liefert, wohl geeignet, unser Ärgernis zu erregen: Neben James Joyce prangte Herr Diener. Ist es bösartig anzunehmen, daß diese Zeitschrift damit eher Herrn Diener als Herrn Joyce nützen wollte? Ich weiß nicht, ob es Herrn Joyce genützt hat. Aber kann es Herrn Diener nützen?

Ich habe schon gelesen, daß man Leibesübungen für Knaben vorschlug, damit sie besser Griechisch lernen konnten. Nach Leibesübungen hätten sie einen klaren Kopf. In diesen klaren Kopf könnte man dann Griechisch hineintun. Ist *das* verlockend?

Man kann viele Leute hereinbekommen, wenn man ihnen sagt, daß Sport gesund sei. Aber soll man es ihnen sagen? Wenn sie Sport genau so weit treiben, als er gesund ist, ist es dann Sport, was sie treiben? Der große Sport fängt da an, wo er längst aufgehört hat, gesund zu sein.

Das Scheußlichste, was man sich ausdenken kann, ist Sport als Äquivalent. Diese Leute argumentieren so: heute braucht man seinen Kopf mehr als im Jahr 1880. Also muß man Sport treiben, damit es sich ausgleicht. Ganz abgesehen davon, daß man mir erst beweisen müßte, wobei heute mehr Kopf gebraucht worden ist als 1880 – wieso sollte dann der Umstand, daß die Leute mit ihren Angelegenheiten weniger leicht fertig werden als 1880, zu der Annahme berechtigen, sie könnten körperlich leistungsfähiger sein?

Ich weiß sehr gut, warum die Damen der Gesellschaft heute Sport treiben: weil ihre Männer in ihrem erotischen Interesse nachgelassen haben. Ohne diesen Damen besonders wohlzuwollen – je mehr sie Sport treiben, desto mehr werden diese Herren nachlassen.

Ich bin nicht sicher, ob es uns guttut, aber Herrn Otto Wolff wird es schon guttun, wenn er ab und zu ein paar Kniebeugen macht, aber leise Kniebeugen werden den Sport nicht weiterbringen.

Kurz: ich bin gegen alle Bemühungen, den Sport zu einem Kulturgut zu machen, schon darum, weil ich weiß, was diese Gesellschaft mit Kulturgütern alles treibt, und der Sport dazu wirklich zu schade ist. Ich bin für den Sport, weil und solange er riskant (ungesund), unkultiviert (also nicht gesellschaftsfähig) und Selbstzweck ist.

»Boxen ist wieder als Schulsport in der Diskussion, weil es angeblich Aggressionen abbaut. Ich würde Boxen als Schulsport begrüßen, aber mit einer anderen Begründung. Aggressionen werden durch das Schlagen nur verschoben oder nur für einen Moment aufgehoben. Boxen sollte wegen seiner charakterbildenden Eigenschaften unterrichtet werden. Man lernt, mit seinem Mitstreiter gesund und gefühlvoll umzugehen. Man lernt, Angst zu überwinden. Nicht die Augen zuzumachen, sondern aufzureißen, sich einem Problem zu stellen.«

Henry Maske, Boxer

III Sport ist (Selbst-)Mord

»Was haltet ihr davon, wenn wir auf unsere sportliche Überlegenheit pfeifen und einfach aufgeben?«

FRANZ MITTLER
Alpinistik

Den Klettrer kühnes Überwinden ehrt,
Doch wenn im Sturm er in den Wänden irrt,
Versenkt er wohl zu spät sich in den Wert
Des Lebens, das für ihn bald enden wird.

FRANZ MITTLER
Routine

Die erfahreneren Sportler, die alten,
Vermeiden am Ortler die Spalten.

ÖDÖN VON HORVÁTH
Begegnung in der Wand

Als einst der geübte Bergsteiger von einer hehren Alpen-
zinne herabkletterte, begegnete er in der sich nach unten
zu einem äußerst schwierigen Kamin verengenden plat-
tigen Rinne dem ungeübten Bergsteiger.

Der lag schon seit einigen Jahren an dieser Stelle. Kopf-
abwärts. Sein Rückgrat war gebrochen und lugte nun aus
seiner Kehle wie eine schlechtsitzende Kravatte; dadurch
hing sein Schädel hinten herunter, als hätt' er den Hals
vergessen. Statt Kleider flatterten im kühlen Bergwind
nur Fetzen der Wickelgamaschen um seine Knochen, auf
denen sich am relativ besten die Fleischteile über der Brust
behaupteten. Und er besaß nur mehr einen Arm, denn der

andere hatte bereits zu letzt Frühjahr seinen Rumpf verlassen und war nach unten in die finstere Randkluft geflogen. Das Fliegen hatte jener wahrscheinlich den Jochgeiern abgeguckt, denen die Augen seines Herren seinerzeit als Leckerbissen mundeten.

Da nun der geübte Bergsteiger neben diesem Wesen an der Wand klebte, sprach er nach kurzem Gruße:

»Wenn ein Ungeübter mit solch Schuhzeug (geschweige denn Kletterschuhe) hier herunterklettert, obendrein allein, so hab ich kein Mitleid!«

»Verzeihen Sie – « erwiderte der ungeübte Bergsteiger, »verzeihen Sie, daß als ich noch klein war, über meinem Bette ein Gebirgsbild hing; denn seit jenen Jahren hört ich sie singen in mir: die Sehnsucht nach den blauen Bergen – ohne jemals auch nur einen Hügel erblickt zu haben. Und dies war meine erste – «.

»Man merkts«, unterbrach ihn der Geübte und hielt sich die Nase zu.

»Jaja!« nickte die Leiche und lächelte leise.

»Sichere Kletterer behalten immer recht: es duftet nicht nach Hyazinthen – jedoch ich hoffe, Sie werden mir trotzdem einen Gefallen tun: wenn Sie auch kein Mitleid mit mir haben. Aber ich sehe: Sie sind geübt und gelangen daher wieder heil hinab ins Tal. Und ich bitte: wären Sie nicht so liebenswürdig, diese Postkarte, die ich bereits vor zwei Sommern an meine Mutter in Tilsit schrieb, mitzunehmen und in einen Briefkasten zu befördern?«

»Warum nicht?« – »Warum ja? – haben Sie Angst?«

»Geben Sie die Karte her!« schrie da der Sichere – und kaum fühlte er sie in der Hand, kletterte er fluchtartig, als drohten ihm Gewitterfinger, fort ohne Gruß von dem redseligen Leichnam.

Doch dieser hat ihm noch freundlich nachgewunken mit seinem einen Arm: als er unten über den Ferner lief – bis er verschwand: dort hinter dem Buckel, wo die Hütte liegt im Tal, das schon ganz im Schatten versank.

Und bald umrangen auch Nachtnebel grau die verlassenen Gipfel, und die Dunkelheit hielt Hochzeit im stillen Kar. Und irgendwo sang ein Salamander Ständchen –. Da grub der ungeübte Bergsteiger aus einer Felsspalte einen Führer hervor und las nach, welch Wand oder Grat seiner blauen Berge er noch nicht erklettert hat. Denn die Nächte gehören den Abgestürzten.

»Man will herauskriegen, wie viele körperliche Deformationen nötig sind, um aus einem gesunden Menschen einen Krüppel zu machen.«

Reinhold Messner zur Grundidee des Extremalpinismus

REINHOLD MESSNER
»Ich gehe bis an die Grenze«
(Aus einem Interview mit Hans-Dieter Schütt)

SCHÜTT: Wie kam es nun zur ersten internationalen Expedition?

MESSNER: In den Alpen war ich ganze Sommer lang unterwegs, bin geklettert, so Ende der sechziger Jahre. Jede freie Minute ging es auf die Berge. Geld verdiente ich mit Bergführungen oder Vorträgen. Als mir die Alpen zu klein wurden, träumte ich von der Rupal-Wand des Nanga Parbat. Aber wie hinkommen? Als Südtiroler wurde ich in den Bergsteiger-Verzeichnissen weder als Deutscher noch als Italiener und auch nicht als Österreicher geführt. Wie es der Zufall will: Eines Tages erhielt ich durch den deutschen Expeditionsorganisator Dr. Karl M. Herligkoffer, es war im Herbst 1969, eine Einladung zu einer Nanga-Parbat-Südwand-Expedition.

SCHÜTT: Sie wurde zu jener tragischen Reise, auf der Ihr Bruder im Eis starb. Sie bezeichneten später diese Nanga-Parbat-Expedition als wichtigste Erfahrung Ihres Lebens. Warum?

MESSNER: Ja, auch mein Bruder Günther war mit von

der Partie, und so sind wir im Mai und Juni 1970 in besagter Südwand geklettert. Zu zweit bestiegen wir den Gipfel. Wir waren weiter gegangen, als ich es heute tun würde. Beim Abstieg merkte ich, daß Günther nicht mehr konnte. Es hätte keinen Sinn gehabt, die Wand weiter hinabzusteigen. Wir biwakierten in 8000 Meter Höhe. Ohne Sauerstoffgerät. Ohne Wärmeschutz. Ohne zu trinken, ohne zu essen. Auch ich war dem Wahnsinn nahe. Nur noch ein einziger Gedanke trieb mich am nächsten Morgen, als sich die Hoffnung als vergeblich erwies, daß Freunde uns vielleicht entgegensteigen würden: nur nicht untätig sterben, wenigstens noch einen letzten Versuch wagen. Drei Tage lang quälten wir uns, an diesem dritten Tag wurde mein Bruder von einer Lawine begraben. Einen Tag und eine Nacht lang suchte ich nach ihm. Aus einer todesnahen Lethargie, ausgedörrt, erfroren, landete ich bei Holzfällern. In der Universitätsklinik Innsbruck wurden mir sechs Zehen und einige Fingerkuppen amputiert. Zu Hause spürte ich den unausgesprochenen Vorwurf, daß meine Bergsteigerei für die Familie zur seelischen Belastung geworden war. Ich begriff die Verbindung von Bergsteigen und dem Tod als eine seiner Möglichkeiten. Nach einem halben Jahr Pause fing ich bei Null an. Aber ich fing wieder an.

SCHÜTT: Das Unglück geschah beim Abstieg. War der nicht von vornherein gesichert?

MESSNER: Es war ja kein Abstieg im herkömmlichen Sinne. Günther und ich hatten die höchste Steilwand der Erde, die Rupal-Wand, diesen Inbegriff des Unbesteigbaren, bezwungen. Und im Anschluß an diese Erstbesteigung, die wahrlich alles an Kraft forderte, stiegen wir auf der anderen Seite über eine 3500 Meter hohe, noch nie bezwungene Eis- und Felsflanke ab. In ein fremdes, menschenleeres Gletschertal.

SCHÜTT: Der Nanga Parbat wurde so etwas wie Ihr Schicksalsberg?

MESSNER: 1971 kehrte ich dorthin zurück, um meinen Bruder zu suchen. 1973 versuchte ich, den Berg allein zu besteigen und – scheiterte. 1977 das gleiche, wieder war meine Furcht größer, erneut den tödlichen Alp zu erleben. Erst 1978, als ich in meinem Leben endlich ein unumkehrbares Verhältnis zur Einsamkeit, zum Menschen als Einzelwesen hatte, gelang mir der Aufstieg solo, ohne technische Hilfsmittel. Es war der größte Sprung in meinem Bergsteigerleben. Er hatte durch die Hölle einer familiären Tragödie geführt. Während des Aufstiegs entkam ich einem Erdbeben, das furchtbare Eisstürze ausgelöst hatte. Ich merkte, wie ich zu einem Schatten wurde, der nicht verwundbar ist. Da oben auf dem Gipfel waren alle Fragen verschwunden, ich wußte aber plötzlich, daß ich eine Antwort war – für mich. Von nun an wurde mein Leben spielerischer.

SCHÜTT: Spielerischer?

MESSNER: Ja, ich wurde zum Spieler, als ich 1978 vom Nanga Parbat zurückkam.

SCHÜTT: Spielerischer oder cleverer, kälter und marktbewußter?

MESSNER: Freunde habe ich verloren, meine Ehe scheiterte. Einige meiner Partner zogen sich von mir zurück, weil ich ihnen zu oft in der Medienöffentlichkeit stand. Aber der höhere Bekanntheitsgrad bot mir auch die Grundlage, um neue Sachen zu finanzieren.

SCHÜTT: Noch deutlicher: Was bedeutet der Satz, den Sie damals schrieben: »Mit einem Male wußte ich mehr über das Leben«?

MESSNER: Mein Bruder wäre nicht gestorben, wenn ich ihn nicht dazu bewegt hätte, mit auf den Nanga Parbat zu kommen. Wenn ich nicht sein Bruder gewesen wäre, vielleicht hätte er nicht versucht, mich im letzten Teil der Rupal-Flanke zu überholen. Weil er mein Bruder war, hatte ich ihn nicht zurückgeschickt und war häufig vorausgegangen. Familienmitgliedern gegenüber verhält man sich immer verhängnisvoll leger. Insofern trage ich Schuld am Tod Günthers, aber ich lernte, mit dieser Tragödie zu leben – und das bedeutete zuallererst, mein eigenes Leben nicht aufzugeben. Durch den Tod meines Bruders bin ich erwachsen geworden. Meine Naivität habe ich

dadurch verloren und das gefährliche Gefühl siegfried-
ähnlicher Unverwundbarkeit. Denn da war ein Linden-
blatt. Auch bei mir. Mein Erwachsensein hat einen Menschen das Leben gekostet. Eine Tragödie war nötig, eine
Tragödie auch in dem Sinne, daß ich jetzt so darüber rede;
aber eine Tragödie ohne Opfer ist eben nicht möglich.

SCHÜTT: Der Tod Günthers war ja nicht der einzige
Unglücksfall in Ihrer Familie.

MESSNER: Als ich im Sommer 1985 auf der Heimreise
war – ich kam aus Tibet – erfuhr ich vom Tod meines Bruders Siegfried. Er wurde in den Dolomiten vom Blitz getroffen. Wieder kam mir der unheimliche Gedanke an
meine Instinkte.

Wieviele Stunden hatte ich zwischen Leben und Tod
verbracht, in Gewittern, inmitten von Blitzen, die jede Sekunde mein Leben hätten beenden können. Aber ich
lebte. Wieder dieser Vorwurf, nie ausgesprochen, aber immer gegenwärtig, der auf meinem Leben lag, immer,
wenn ich nach Hause kam: Mein Leben trug mit am Sterben der anderen. Die Mutter weinte oft.

WERNER SCHNEYDER

Über das Bergsteigen

Es gibt sportliche Unternehmungen, die mit Wettkampf
nichts zu tun haben. Da wird kein Mensch besiegt, keine
Zeit erreicht, da wird (angeblich) die Natur besiegt. Mark
Twain soll eine nette Frage gestellt haben: Er könne sich
nicht erklären, warum Bergsteigen ein Sport sein soll und
Tütenkleben nicht. Ich möchte es ihm zu sagen versuchen.

Wir können wieder erkennen, wie Leistungssport entsteht. Da ist zunächst einmal das Wandern, eine gesund-
heitlich und ästhetisch motivierte Freizeitbeschäftigung.

Irgendwann einmal geht die Wanderung immer höher bergauf. Es kommt zu Schwierigkeiten und Belastungen, die ohne Training und später ohne Ausnahmefähigkeiten nicht mehr zu bestehen sind. Es kommt zu Wandern mit potentieller Selbstmordkomponente, zu immer einsameren Leistungen. Und so setzt auch hier, in der heiligen Bergluft, harter Berufssport ein. Der beste aller Gipfelstürmer muß einen enormen Werbeetat der Industrien, enorme Geldmittel der Medien hinter sich haben, um das immer noch Extremere leisten zu können. Eine derartige Entwicklung ist beim Tütenkleben einfach nicht drin. Ihm fehlt eine gewisse Attraktivität, um sich zum Sport zu entwickeln.

Beim Bergsteigen durchwandert man mehrere Grenzen. Die von der relativen Sicherheit zum Risiko, die von der Liebe zur Leidenschaft, die von Besessenheit zum Wahnsinn. Meist müssen Sportler Psychologen bemühen, die ihr Tun interpretieren. Reinhold Messner, zur Zeit der Niederschrift dieses Buches nicht nur das Maß aller Berge, sondern auch noch am Leben, kann das selbst. Seine Selbstdarstellung ist äußerst bemerkens- und anerkennenswert. Messner führt den Begriff des *natural high* ein. Er sagt also, daß er einen High-Zustand ohne chemische Droge, auf natürlichem Wege, erreicht. Er sagt aber auch, daß es sich um Drogenabhängigkeit handelt. Seine Droge heißt Qual und Todesnähe bis in letzte Grenzsituationen. Er gibt zu, daß er ohne regelmäßige Rauschzustände das Ende der Süchtigen erlitte, die keinen Stoff mehr haben. (Er gibt das nicht so zu, wie ich es jetzt folgere.) Damit ist die Logik des Bergsteigens wieder hergestellt. Hier klettern nicht besonders ideal gesinnte, bessere Menschen der unheilen Welt in eine heile davon. Hier suchen sich naturnahe Menschen ihren Spezialrausch.

Der Jammer des Bergsteigens in der Spitzenklasse ist nur: Die Berge werden nicht höher. Man kann sie, hat man sie schon einmal bestiegen, dann auch noch im Winter besteigen oder auf der Route mit einer bis dato anständigen Todesquote, irgendwann aber ist die Aufgabe normal nicht zu steigern. Was Steigerung anlangt, soll dieser Gesellschaft aber kein Einfall nicht kommen. So legen sich die Gipfelsieger selbst schon Handicaps vor. Sie lassen die Ausrüstungsdetails weg, die ihnen ihre ersten Siege erst ermöglicht hatten. Sie rächen sich dafür, daß man Berge leider nicht – oder nur beschränkt, etwa für die Anlage von Klettergärten – aufschütten kann. Sie rächen sich allerdings an sich selbst. So ist es eben mit den Räuschen. Große Räusche in langer Regelmäßigkeit enden im Delirium.

ÖDÖN VON HORVÁTH

Der sichere Stand

Einst kletterte ein Kletterer über einen berüchtigten ungemein brüchigen Grat empor – und fürwahr! er war ein kühner Bursche: denn selbst von Zacken mit Zipperlein (die nur noch den erlösenden Rülps ersehnten, um die Fahrt nach dem Friedhof tief unten im Kar antreten zu können) rief er denen, die hinter ihm herkletterten, zu:

»Kommt immer nur nach! Habe sicheren Stand!«

Und einmal hielt er sich gar nur mit zwei Fingerspitzen der linken Hand an einem kaum sichtbaren Griff, doch schon rollte er rasch mit der Rechten das Seil ein und schrie:

»Sicherer Stand!«

– da seufzte sein Griff und brach ab: kopfüber flog er aus der Mutterwand und mit ihm unser Kletterer, während ein scharfer Stein schmunzelnd das Seil durchbiß   und erst nach gut fünfhundert Metern klatschte er wie eine reife Pflaume auf eine breite Geröllterrasse. Aber sterbend schrie er noch seinen Gefährten zu:

»Nachkommen! Sicherer Stand!«

War das ein Optimist!!

ERICH KÄSTNER

Der Handstand auf der Loreley
(Nach einer wahren Begebenheit)

Die Loreley, bekannt als Fee und Felsen,
ist jener Fleck am Rhein, nicht weit von Bingen,
wo früher Schiffer mit verdrehten Hälsen,
von blonden Haaren schwärmend, untergingen.

Wir wandeln uns. Die Schiffer inbegriffen.
Der Rhein ist reguliert und eingedämmt.
Die Zeit vergeht. Man stirbt nicht mehr beim Schiffen,
bloß weil ein blondes Weib sich dauernd kämmt.

Nichtsdestotrotz geschieht auch heutzutage
noch manches, was der Steinzeit ähnlich sieht.
So alt ist keine deutsche Heldensage,
daß sie nicht doch noch Helden nach sich zieht.

Erst neulich machte auf der Loreley
hoch überm Rhein ein Turner einen Handstand!
Von allen Dampfern tönte Angstgeschrei,
als er kopfüber oben auf der Wand stand.

Er stand, als ob er auf dem Barren stünde,
Mit hohlem Kreuz. Und lustbetonten Zügen.
Man frage nicht: Was hatte er für Gründe?
Er war ein Held. Das dürfte wohl genügen.

Er stand, verkehrt, im Abendsonnenscheine.
Da trübte Wehmut seinen Turnerblick.
Er dachte an die Loreley von Heine.
Und stürzte ab. Und brach sich das Genick.

Er starb als Held. Man muß ihn nicht beweinen.
Sein Handstand war vom Schicksal überstrahlt.
Ein Augenblick mit zwei gehobnen Beinen
ist nicht zu teuer mit dem Tod bezahlt!

P. S. : Eins wäre allerdings noch nachzutragen :
Der Turner hinterließ uns Frau und Kind.
Hinwiederum, man soll sie nicht beklagen.
Weil im Bezirk der Helden und der Sagen
die Überlebenden nicht wichtig sind.

»Der Bauch sagt: Laß es! Der Geist sagt: Kein Problem!«
Jochen Schweitzer, Veranstalter von Bungee-Springen

»Also: Beim Bungee-Springen will ich den schnellen Tod, wenn
ich mich schlecht ernähre, auch.«   *Gerd Gerken, Trendforscher*

»Bungee? – Ein Fall von Fallsucht!«
Bungee-Springer nach dem Sprung

»Manchmal wünsche ich mir mehr Spannung, denn wenn der
Nervenkitzel nicht mehr da ist, kann man aufhören.«
Heike Drechsler, Leichtathletin

»Wenn ich ehrlich bin, habe ich jetzt Entzugserscheinungen.«
Markus Wasmeier nach der Beendigung seiner Skikarriere

»Wer da oben keine Angst hat, der muß wahnsinnig sein.«
Armin Kogler, ehemaliger Skiflug-Weltrekordler

»Man träumt immer wieder die Auskostung des Sprungs. Das ist
wie ein Rausch, und es kann zur Sucht werden.«
Reinhard Heß, Bundestrainer der deutschen Skispringer ʾ

»Vinciturus vincero. Zum Siegen bestimmt, werde ich siegen.«
Ein Motto Reinhold Messners

»Aufgeben tut man nur einen Brief.«
Vater des Tennisprofis Thomas Muster

JOACHIM RINGELNATZ

Zum Aufstellen der Geräte
(Ein Muster)

So unterwegs in einem schönen Hechtsprung
Erblickte er das Licht der Welt, das Leben,
Und hat – obwohl er damals doch noch recht jung –
Sich doch sofort in Hilfsstellung begeben.
Den Kniesturz übend und manch andre Tugend,
Verging ihm eine turnerische Jugend
Im Wachen teils und teils im Traum
Und Freitags nachmittags am Schwebebaum.

Vorturner wurde er und Löwenbändiger,
Seemann und Schornsteinfeger, Akrobat
Und schließlich turnerischer Sachverständiger
Im transsibirischen Artistenrat.
Er las die Morgenzeitung stets im Handstand,
Vom Hang der Freiheit sprach sein roter Schlips.
Er glich – wie er im Turnsaal an der Wand stand –
Dem allbekannten Herkules aus Gips.

Inhaber aller silbernen Pokale,
Erwarb er sich den Franziskanerpreis
Und im August in Halle an der Saale
Die Jahnkokarde mit dem Lorbeerreis.
Ein zarter Kern in einer rauhen Schale.

Er hat sich mit einem Salto mortale
Aus dem Leben
Über ein Felsengeländer
Hinwegbegeben.

»Friede Euren Rümpfen.«   *Hans-Horst Henschen, Publizist*

FRITZ POPP
Surfers Abgesang

Über die Dörfer
fahren die Surfer
bis zu den Stränden:
dort üben sie wenden.

Auf jeder Welle
ein Surfgeselle
mit festen Waden.
Und Hang zum Baden.

Bretter nie sinken,
doch Surfer ertrinken.

Notwendige Anmerkungen für die Nachwelt:

1. Dieser Text verdankt seine Entstehung nicht einem den Autor in seiner sportlichen Tätigkeit frustrierenden Erlebnis, sondern der Entdeckung der völlig neuartigen Reimmöglichkeit Dörfer – Surfer. Jeder Literaturhistoriker wird, sofern er diachrone Vergleichsstudien anstellt, die Novität bemerken.

2. Mit den Brettern im dritten Textabschnitt sind – obwohl sich die Assoziation berechtigterweise aufdrängen könnte und zu weitreichenden sowohl existentiellen als auch kulturkritischen Interpretationen (konservativer Art) verführen möchte – nicht die Bretter, die die Welt bedeuten, gemeint, sondern, wie aus dem Kontext ja ersichtlich, sogenannte »Surfbretter«. Über Details informiert Sie der Sportfachhandel.

3. Der Autor dieses Textes besitzt kein solches Brett, bittet aber, bei der Interpretation nicht einen schlichten Bretter-Neid als zusätzliche, eigentliche und unbewußte Textentstehungsursache ins Treffen zu führen.

momentaufnahme : jochen rindt

was ging da dahin? flüchtig dem leben
vor aufklickender springblende :
das zerbrochene gefährt, unscharf,
die verschrammte kulisse, aufgestellt
zuschauer, vorn drehn breite rauchende
reifen durch, die beine schutzlos, benzin
schwappt über startnummer und helm.
nemesis in monza, unterbelichtet,
dazwischen irgendwo auffindbar
was sein wird ein bündel blutiges
fleisch. sekunden später.

»Früher glaubte ich, es sei Pech, wenn ein Rennfahrer stirbt.
Heute weiß ich: Es ist Glück, wenn einer überlebt.«
Helmut Marko, Publizist

»Es ist einfach ein brutales Gefühl.«
Max Plötzeneder, Profi-Snowboarder

»Früher sind die Skier gebrochen und die Knochen heil geblieben, heute brechen die Knochen und die Skier bleiben ganz.«
Ludwig Prokop, Sportarzt

»Den ganz normalen Wahnsinn stoppt auch ein Todesfall nicht.«
Angela Gebhardt, Sportjournalistin, über Ski-Abfahrt

WERNER SCHNEYDER
Über Autorennsport

Die Erkenntnis, Räder nicht nur mittels tretender Beine, sondern auch mittels Motorkraft in Bewegung setzen zu können, blieb dem Sport nicht erspart. So gibt es den Motorradrennsport und den Autorennsport. Dazu muß man eine Grundsatzfrage stellen: die nach dem Sinn der Geschwindigkeit. Das Tempo, das der Radrennfahrer kraft seiner athletischen Leistung erzielt, ist eine Qualität. Das Tempo, das die Maschine dem Motorsportler zur Verfügung stellt, ist eine Quantität. Wer das glaubt, dem kommt die Wortverbindung Motor-Sport nur sehr unwillig über die Lippen.

Freilich verlangen Konkurrenzen wie Speedway – also Rundenrennen auf der Aschenbahn – oder Motocross und Geländeprüfungen den Fahrern körperlich einiges ab. Aber dieses fahrerische Können entschädigt nicht den, der die akustische und petrochemische Umweltverschmutzung bedauert, der die Elektrisierung der Zuschauermassen durch den Geschwindigkeitsrausch für höchst bedauerlich hält. Und wiederum stellt sich die Frage nach den Sportärzten. Lungenfachleute scheinen dieser Sparte nicht sehr nahezustehen.

Das Dilemma verdoppelt sich auf vier Rädern. Der Automobilrennsport, der die Entwicklung des Autos begleitete, leitete seinen Sinn sehr lange aus der Technik ab. An den Grenzwerten wurden Verbesserungen getestet, die dem normalen Autobau »zugute« kamen. Nun hat sich da einiges geändert. Einerseits hat sich der Autorennsport in seinen extremsten Erscheinungsformen vom normalen Auto völlig entfernt, andererseits häufen sich die Zweifel, ob es überhaupt eine gute Idee war, das Auto als Fortbewegungsmittel der zivilisierten Menschheit eine derartige Karriere machen zu lassen.

Man kann in Zeiten, da sich die Bürger dagegen zu wehren beginnen, daß weitere Wälder Autobahnkreuzen weichen müssen, da sich die Bürger bewußt werden, der Erpressung durch Energie-Multis hilflos ausgeliefert zu sein, den Autorennsport nicht mehr so sehen wie vielleicht noch vor zehn Jahren. Dieser Sport – der Ausdruck sei dort, wo Benzin mitspielt, erlaubt – stinkt.

Man muß abstufen. Wo mit Serienwagen Motorsport betrieben wird oder mit »sportlich« veränderten Serienwagen Rallyes, Markenweltmeisterschaften, Bergmeisterschaften ausgetragen werden, hat sich die Sache noch nicht ins gänzlich Unsinnige verselbständigt. Bei den Formelrennwagen aber ist es aus. Vom Go-Kart steigert sich der Schwachsinn bis zur alles an Idiotie schlagenden Formel I. Das ist die Disziplin der Erotik des Benzingestanks, der sexuellen Anziehungskraft des Auspuffs. Pseudohelden mit den eisernen Nerven, wie sie zum Beispiel auch große Gangster der Kriminalgeschichte gehabt haben sollen, genießen ein von den Medien mitgezüchtetes Image. Die Frauen am Pistenrand, von der Branche – dem Vernehmen nach – als »spaltbares Material« bezeichnet, charakterisieren diese Grenzsituation von Mensch und Material, wobei der Mensch sich zum Material in einem kümmerlichen Verhältnis befindet. Daß der Tod in diesem Sport eine – nach langen Jahren mäßig eingedämmte – große Rolle spielt, hat mich nie erschüttert. Im Gegenteil. Ich finde es nahezu unverantwortlich, die Strecke immer »sicherer« zu machen (was auch immer dieses Wort in diesem Zusammenhang noch bedeuten kann). Nein, dieser Sport soll sich selbst umbringen, je eher, je besser.

Als kürzlich ein von seinem Sport schwer gezeichneter, aber des Denkens und der Formulierung mächtiger Formel-I-Pilot abtrat, sagte er, es gäbe Wichtigeres im Leben, als ständig wie ein Trottel im Kreis zu fahren. Mit der Frage, warum ihm diese Erkenntnis erst so spät kam, muß der Mann weiterleben. Der finanzielle Gewinn, den er dank der Verspätung seiner Einsicht fürderhin verwenden kann, mag ihm ein Ausgleich sein. Neben dem Überleben.

»Ich liebe es, das Adrenalin zu spüren, wenn ich auf meinem Motorrad sitze und die Kurven ausreize.«

Peter B. Backus, Schuhgestalter bei Nike

GUNTER GEBAUER

Das Spiel gegen den Tod
Epilog

Der Stierkämpfer José Cubero und der Formel-I-Fahrer Stefan Bellof starben am selben Tag. »El Yiyo«, wie der eine genannt wurde, schien bei einer Corrida in Colmenar Viejo bei Madrid seinen Gegner, den Stier »Burlero«, den »Täuscher«, bereits getötet zu haben; doch in einer ebenso unbändigen wie unerklärlichen Willensanstrengung übte der Stier im Tode Rache an seinem menschlichen Widersacher. Der sterbende Stier, dem der Degen bis zum Heft im Rücken steckte, warf sich blitzartig auf den im Triumph schon abgewandten Torero, rammte ihm die Spitze eines Horns erst in die Lunge, dann ins Herz.[1] Der Vater der Urhorde – wenn man einer Interpretationsrichtung des Stierkampfes einmal folgt – hatte sich noch einmal als stärker erwiesen. Stefan Bellof wurde in Zandvoord, wie es heißt, Opfer seiner Verwegenheit; aber dies ist eine mythisierende Ausdrucksweise: Gemessen an den technischen Möglichkeiten seines Wagens und des Streckenabschnitts war er zu schnell gefahren. Es war ein Unfall; da er jung war und ein talentierter Fahrer, dem eine große Zukunft vorhergesagt worden war, war es ein tragischer Unfall.

Aber kein tragischer Ritus begleitete seinen Tod oder folgte ihm; eine technische Kommission ist zusammen-

---

1 Die Darstellung folgt der Berichterstattung der französischen Zeitung *Libération* vom 2. 9. 1985.

getreten; auf dem Rundkurs, wo er starb, wird man einige Veränderungen vornehmen. Sein Tod wird eine Privatsache bleiben – Rennfahrer, die auf den Grand-Prix-Strecken starben, waren fast immer Opfer eines menschlichen oder technischen Versagens. Ein Tod mit der totalen negativen Bestimmung eines winzigen Nicht-Funktionierens in einer perfekt funktionierenden Welt. Ein solcher Tod vernichtet nicht nur den Körper, sondern vieles andere mit ihm: das Können, den Ruf, die Kompetenz, die Größe. Die ganz großen Fahrer dürfen auf den Strecken nicht sterben. Zu ihrem Ruhm gehört das Überleben. Es macht Nicki Laudas Überlegenheit vor allen Weltmeistern, die ihn geschlagen haben, aus, daß er vom Rande des Lebens, schwer vom Tod gezeichnet, triumphal zurückgekommen ist. Kein übermenschlicher Zug; Überleben ist eine menschliche Technik, im Falle Lauda freilich unterstützt von einem höchst bemerkenswerten Willen und Können.

An »El Yiyos« Tod trägt der Stier die Schuld; er starb selbst bei seiner rächenden Handlung, fast im selben Moment wie sein Opfer. Hätte er überlebt, man hätte ihm sein Leben geschenkt. Der Stier schuldet der Corrida die Tötungsabsicht gegen den Torero; diese Schuld hat »Burlero« erfüllt. Der Stierkampf ist ein tödliches Fest; in seinem Ritual hat der Tod einen festen Platz, er ist notwendig, wie das Widderopfer im antiken Olympia. Der, für den der Tod eintritt, wird gefeiert, oft nicht weniger als sein Gegner: Der Leichnam »El Yiyos« wird in einer »Hysterie der Trauer« zu ihm nach Hause, nach Canillejas, einem volkstümlichen Viertel Madrids, getragen; man stellt ihn aus; man schreit, weint, man applaudiert. Sein Haus steht weit offen. Man bahrt ihn auf, von »Chocolate«, seinem Degendiener (mozo de estoque) mit seinem granatroten und schwarzen Lichter-Anzug (traje de luces) bekleidet.[2]

In der Sichtweise des Rennsports wäre »El Yiyos« Tod

---

2 Georges Bataille, *Der heilige Eros,* Berlin 1982, S. 46.

sinnlos; er könnte höchstens die Überlegenheit der beherrschten Toreros aufzeigen, die ihren Triumph aufzuschieben verstehen. Nicht so für die Tauromachie: Sie ist Zweikampf und hat die Grausamkeit und Entschiedenheit der antiken Agone bewahrt (oder wiederbelebt). Sie stellt eine Entscheidungssituation dar, die nur durch Blutvergießen gelöst werden kann; darin ist sie den Opfern verwandt, die das Blut von Tieren oder sogar Menschen verlangen. Eine Entscheidung, die etwas mit Macht und Herrschaft zu tun hat, selbst wenn sie rein symbolisch geworden ist. Der Tod eines Konkurrenten hat hier etwas Notwendiges, im Falle »El Yiyos« und »Burleros« vielleicht sogar etwas Versöhnliches. Ein Ritus ist erfüllt worden. Unfälle im Motorsport erfüllen nichts; sie zeigen nur Grenzen auf, die des fahrerischen Könnens, der Technik der Wagen und der Strecken.

Aber auch der Tod im Rennsport ist kein banaler Unfall. Die Situation der Rennen ist, ganz ähnlich wie die des Extrembergsteigens, die Überbietung, der Rausch, die Faszination von Leistungsgrenzen. Das Agonale, das für unsere Gesellschaft typisch ist – so sehr, daß man gemeint hat, der Sport sei ihr ideales Abbild –, vermischt sich mit der »ilinx«, dem gesuchten rauschhaften Erleben (Roger Callois), das im Begriff steht, für die Gegenwart nicht weniger typisch zu werden. Der Zweikampftod ist rituell und symbolisch, geregelt und mythisch, grausam und notwendig, blind und Widersprüche auflösend. Ihn findet man vor allem, wenn in literarischen Erzählungen über Sport Todeserlebnisse beschrieben werden; diese Form der Literatur sucht offenbar die Verknüpfung des modernen Sports mit antiken Mythen. Der Tod im Rausch gehört dagegen viel stärker einer erotischen Themensphäre an, die, wie die Texte von Michel Leiris und Georges Bataille, Eros und Tod in eine enge Verbindung bringen.

Der Rausch ist nichts Naturhaftes, im Gegenteil, eher ein selbstgewähltes Spiel und ein Kalkül der Lust, der den blinden Instinkt der Organe verdrängt, er ist Verführung und Hingabe an Leidenschaft. Ähnlich der Sexualität ist der Rausch der Geschwindigkeit, des Rennens, der Konkurrenz und des Überbietens eine Ekstase und Verausgabung. Die aufs höchste intensivierten Reize, die nur unter großen Risiken erlangt werden, verlangen Opfer. Die Idee, daß ein ungeheurer Genuß von Sinnlichkeit zum Tode führen kann, wird grundsätzlich auch für den Sport akzeptiert, aber nur in der Form, daß die Opfer selektiv von einigen wenigen erbracht werden, die der Zufall trifft. Die Überlebenden gehen aus den rauschhaften Exzessen eher noch gestärkt hervor. Die Opfer erleiden die Todesarten der Frevler: Sie stürzen ab, werden zerschmettert, verbrennen, bleiben in den Bergen oder auf hoher See verschollen. Die Erotik des Rausches ist Verausgabung in Todesnähe; daher ihre offenkundig belebende Wirkung für die Überlebenden. Allerdings hat die Erotik des Rausches ihre Dignität in vielen Bereichen fast völlig verloren, die Technik hat sie zu einer alltäglichen und massenhaften Erscheinung gemacht, zu einer Volkspoesie der Hochmotorisierten, die jährlich ihre Zahl an Todesopfern fordert.

Der rauschhaft betriebene Sport und die Agone, auch die tödlichen wie die Corrida, sind auf gleiche Ursprünge zurückzuführen, die sowohl mit Genuß als auch maskenhaftem Spiel und Herrschaftssicherung zusammenhängen. In den frühen Kämpfen, die aus altgriechischer Zeit bekannt sind, ist der Tod das Versprechen, das die Zweikampfgegner sich gegenseitig geben. Die ersten Wettkämpfe unserer Kultur, die von den griechischen Mythen berichtet werden, sind Herausforderungen mit einem ungeheuren Einsatz.[3] Marsyas, der Apoll zu einem musischen Agon fordert, bietet an, daß der Sieger des Kampfes mit dem Unterlegenen machen könne, was er wolle. Worum geht es bei Einsatz des eigenen Lebens? Um nicht

---

3 Die Darstellung der mythischen Agone folgt Ingomar Weiler, *Der Agon im Mythos. Zur Einstellung der Griechen zum Wettkampf,* Darmstadt 1974.

mehr und nicht weniger als um den Ruf des besseren Musikers. Der Silen Marsyas spielt auf einer wunderbaren Flöte, die er, einer Version des Mythos entsprechend, gefunden haben soll, nachdem Athene sie fortgeworfen habe. Tatsächlich klang sie für die als Kampfrichter gewählten Sterblichen schöner als die Leier Apolls. Aber die mythischen Agone sind keine sportlichen Wettkämpfe mit festem Reglement: Apoll beeinflußte die Richter, veränderte die Kampfabsprache zu seinen Gunsten, gewann die nächsten beiden Durchgänge, ließ sich zum Sieger ausrufen und zog dem Silen als Siegespreis bei lebendigem Leibe die Haut ab. Nichts bleibt vom Herausforderer als ein Lederschlauch – eine exemplarische Zurechtweisung, die in ähnlicher Form auch die chinesische Mythologie für die gegen die Herrscher Revoltierenden reserviert.[4] Die Verwandlung des Gegners in einen Gegenstand, den man mit Wein zu füllen pflegt, seine extreme Verdinglichung, weist auf den Schrecken, der von seiner Herausforderung ausgegangen sein muß. Marsyas' Macht war zweifellos beunruhigend: Aus Phrygien kommend beherrschte er eine musikalische Kunst, die hoch im Ansehen stand. Einer sagenhaften Erzählung nach soll er als Begleiter des Dionysos nach Griechenland gekommen sein. Kannte er nicht auch die wichtigsten Geheimnisse des Lebens? König Midas ließ ihn lange im Walde jagen, um diese von ihm zu erfahren. Die Antwort, die er gab, als er endlich gefangengenommen war, öffnet Nietzsche in der *Geburt der Tragödie* den Weg zum rauschhaften Griechentum. Ein harter und schwieriger Gegner also, der Apoll in seiner ureigenen Domäne bedroht, so sehr, daß der bedrängte Gott die Rolle des Tricksers spielen muß. Aus der Geris-

---

4 Bei den kannibalischen Festen von Shou-hsin »war der Lederschlauch, der den Himmel darstellte, sicherlich mit dem Blut jenes Mannes gefüllt, der vor dem Schuß, der ihn tötete, im Schachspiel mit dem König die Position des Himmels, des Gegners des Königs, eingenommen hatte«. M. Granet, *Die chinesische Zivilisation*, Frankfurt am Main 1985, S. 66.

senheit, mit der er sich über die Runden rettet, verfällt er in äußerste Grausamkeit: Apollon »Tortor« wird von nun an sein Ehrenname sein.

Die Hinrichtung des Marsyas wendet die Bedrohung ab und sichert Apollons Macht. Die Agone, die in dessen Namen und in dessen Ehren veranstaltet werden, wie in Delphi, brauchen kein Blut mehr, sie sind *symbolische* Herausforderungen geworden. Gewiß ist in den griechischen Wettkämpfen die Erinnerung an die Agon-Mythen präsent; viele andere Kämpfe, die von diesen berichtet werden, haben eine der Marsyas-Sage vergleichbare Struktur der Herausforderung, der Hybris, und der Vernichtung des Herausforderers: die athletischen Agone des Ringens, wie der Kampf, in dem Herakles den Antaios erdrückte, und die Brautläufe, wie jene Atalantes, die jeden ihrer Freier – bis auf einen – zum Wettlauf mit sich aufforderte und nach dessen Niederlage sterben ließ. Für das moderne Verständnis ist es schwer zu begreifen, warum bei allen diesen Agonen die persönliche Leistung der Kämpfer nicht die geringste Rolle spielt; List und Götterbeistand sind die einzig entscheidenden Kräfte. Das Wichtigste in ihnen scheint die Wiederherstellung einer gefährdeten Ordnung zu sein, entweder in ihrer alten oder in einer neuen Form: der Agon ist Horror, sein Ende besiegelte Herrschaft.

Die athletischen Wettkämpfe der Griechen erstaunen durch Härte, ja Brutalität. In den Gesetzen spricht sich Platon für einen mit größter Härte geführten Faustkampf aus und fordert, »daß den keine Strafe treffen soll, der dabei seinen Gegner ohne Absicht erschlage«. Nur der Sieg zählte in der griechischen Antike, eine Niederlage ist etwas Peinliches.[5] Die Agone im Boxen und Pankration wurden bis zur Aufgabe eines Kämpfers geführt. Über die

5 Horst Buhmann, *Der Sieg in Olympia und in den anderen panhellenischen Spielen,* München (Diss.) 1975, S. 16. Die folgenden Beispiele von Todesfällen bei griechischen Spielen sind dieser Arbeit entnommen.

Olympischen Wettkämpfe des Pankrations werden mehrere mordartige Todesfälle vermeldet. So wurde Arrhichion von Phigalia erwürgt, während sein Gegner vor Schmerz – Arrhichion hatte ihm noch eine Zehe gebrochen – aufgab. Sein Trainer Eryxias hatte ihm während des Kampfes zugerufen: »Welch herrlicher Totenschmuck, in Olympia nicht aufzugeben!« Moretti gibt zwei ähnliche Fälle an. Bei den Nemeen griff Damoxenos Kreugas von Epidamnos unfair an und tötete ihn, indem er ihm die Eingeweide aus dem Leib riß. Der Faustkämpfer Diognetos von Kreta wurde, nachdem er seinen Gegner Herakles in Olympia im Kampf umgebracht hatte, von den Eleern fortgejagt. Ereignisse dieser Art drücken zwar abartige Erscheinungen,[6] aber auch eine geläufige Brutalität der Wettkämpfe in der Antike aus. Norbert Elias' Deutung dieser Einstellung vermag vieles daran aus dem anderen Stand der Zivilisation des antiken Griechenlands zu erklären.[7] Hier muß aber hinzugefügt werden, daß die eigenen Mythen die Griechen einen Wettkampf-Ritus lehrten, an dessen Ende der Tod steht. Die Vermutung ist nicht zu gewagt, daß sie die Assoziation der agonalen Riten ihrer Spiele mit der Vernichtung eines Herausforderers noch intensiv begriffen haben.

Die griechische Antike verwandelte die blutigen Opfer in symbolische und entfaltete ein System athletischer Wettkämpfe mit einfacher, klarer Symbolik der Bewegungen und der Ergebnisse, eine Geometrie des Kampfes, die gute zweieinhalb Jahrtausende später einer Moderne auf der Suche nach vernunftgemäßen Formen der Körperertüchtigung zum Vorbild dienen konnte. Die formalen, symbolischen Agone entfernen sich zwar von den Ur-

6 Festzuhalten ist, daß es sich bei diesen Fällen um ganz außergewöhnliche Ereignisse in einer jahrhundertelangen Geschichte handelt.
7 Norbert Elias, *Die Genese des Sports als soziologisches Problem,* in: K. Hammerich, K. Heinemann (Hg.), *Texte zur Soziologie des Sports,* Schorndorf 1975.

sprüngen, wie sie von der vorsokratischen Philosophie, von Heraklit insbesondere, angegeben worden sind, halten aber die Verbindung zu den die Ursprünge darstellenden Mythen aufrecht.

Das antike Rom macht die Abschaffung des Todes in Zweikämpfen wieder rückgängig.[8] Die blutigen Kämpfe sind zwar schon in Campanien und Etrurien bezeugt, aber erst auf dem Wege einer künstlichen Wiederbelebung wird die Sitte erneut aufgegriffen, zu Ehren eines bedeutenden Toten Leichenspiele mit Kämpfen auf Leben und Tod auszutragen: Zum erstenmal ließen die Söhne des D. Iunius Brutus Pera Gladiatoren – nicht Freie, sondern bezahlte Söldner, Sklaven, Kriegsgefangene, verkrachte Existenzen – miteinander kämpfen (264 v. Chr.); beim Begräbnis ihres Vaters traten drei Paare auf dem Forum boarium gegeneinander an. Außerhalb von Leichenfeiern veranstalteten die Consuln P. Rutilius Rufus und C. Manlius im Jahre 105 v. Chr. Gladiatorenkämpfe. »Das Verlangen nach den blutigen Spielen wurde in der Folge so groß, daß sie immer häufiger ohne besonderen Anlaß gegeben wurden« (Meuli, 50). Caesar faßte offenbar das Gladiatoren-Schauspiel als ein außerordentliches Mittel auf, seine Popularität zu erhöhen: Den Tod seiner nächsten Familienangehörigen (seiner Tochter, auch seines Vaters, aber mit zwanzigjähriger Verspätung) benutzte er dazu, dem Volk großartige Spiele zu geben. Meuli nimmt an, daß sehr lange, bis spät in die Kaiserzeit, ein Bewußtsein davon lebendig blieb, »daß diese Spiele eigentlich ihren Ort bei der Bestattungsfeier hätten«. Möglicherweise spielt hierbei noch ein anderer Gedanke eine Rolle: die für die Römer feststehende Tatsache, deren sie sich durchaus bewußt waren, daß Rom auf einem Mord gegründet worden war. Wie Michel Serres anhand einer subtilen Livius-Interpretation zeigt, handelt es sich sogar um eine ganze

8 Nach Karl Meuli, *Der griechische Agon*, Köln 1968. Die folgenden Beispiele aus der Geschichte der römischen Gladiatur sind diesem Aufsatz entnommen.

Kette von Morden.[9] In der Geschichte Roms ist immer wieder die Vorstellung anzutreffen, daß die Umstände, die zur Gründung der Stadt geführt haben, zu sühnen seien. Der Appetit auf Blutopfer in den Arenen der Circus-Spiele wird jedenfalls ungeheuer.[10] Mit der Abschaffung der Gladiatur durch die zum Christentum übergetretenen Kaiser wird auch in Rom der reale Tod aus den Spielen verbannt.

Jedes verstehende Bemühen um die Spiele im Schatten des Todes riskiert die zwiespältige Wirkung der Rechtfertigung durch Ästhetisierung. Michel Leiris' Annäherung von Corrida und Erotik[11] läßt das Tödliche und Böse im erotischen Reiz des Schönen und die »satanische Schönheit« im Töten des Toreros sichtbar werden. Doch ist das »Aufblühen des Bösen«, das erst die Erotik zur Entfaltung bringe, im Schönen wie in der Tauromachie ein symbolischer Vorgang, insofern als das »höchst dynamische Streben des einen, in das andere einzubrechen« (Leiris, 59), keine wirkliche Bedrohung der erotisierten Person darstellt und in der Corrida dem Stier als Stellvertreter gilt. In den Spielen auf Leben und Tod zwischen Menschen wird diese Haltung real – das »Bedürfnis zu töten, Schmerz zuzufügen oder nur aktiv zu hassen« (95), verliert seine Symbolik und richtet sich gegen Menschen.

Auf manche Erscheinung des modernen Sports mag diese Beschreibung zutreffen: auf die erotische Seite athletischer Agone, die mit großer Grausamkeit geführt werden, wie manche Auseinandersetzungen zwischen Läufern, Fußball- und Tennisspielern. Der Gegner ist aber seit langem nicht mehr nur eine andere, sondern auch die eigene Person. Leiris konnte 1938 noch schreiben, nie werde »irgendeine Sportart die Grenze überschreiten können, die das Profane vom Sakralen scheidet,

---

9 Michel Serres, *Rome. Le livre des fondations,* Paris 1983.
10 Vgl. R. von Ende, *Circenses. Spiel auf Leben und Tod,* Berlin 1984, S. 59–67.
11 Michel Leiris, *Spiegel der Tauromachie,* München 1982.

weil sie ja nicht als etwas Unheilvolles oder als Herausforderung eines Unheils konzipiert worden ist. Beim Sport ist alles gesund, gerade« (103). Eben nicht mehr: das Doping, die höchst riskanten Zielsetzungen des Extrembergsteigens, die Lust am Drachenfliegen, der Siegeswunsch junger Piloten im Automobilrennsport sind Beispiele dafür, daß die Herausforderung an das eigene Leben gerichtet wird.

Der Tod wird in das Leben der Athleten mit einbezogen, aber nur um das Leben zu erhöhen. Weil er realer Tod, nicht symbolischer ist, hat er im Sportgeschehen selbst keinen Platz; er liegt an den Grenzen des Sports. Der Stierkampf ist ein Agon, dessen Sinn durch die Anwesenheit des Todes, der Sport ein Agon, dessen Sinn durch das Vermeiden des Todes gegeben wird. Der Tod im Sport ist daher ein Unfall, der das sportliche Geschehen zerstört. Er gehört aber zu der besonderen »Religion des Lebens«, die man bei Extremleistungen vorfinden kann und die die Idee des Todes braucht, um aus Leben einen Exzeß zu machen. »Das Leben ist seinem Wesen nach ein Exzeß, es ist die Verschwendung von Leben. (…) Im Äußersten sind wir entschlossen, zu bejahen, was unser Leben in Gefahr bringt. (…) wenn uns das Glück hilft, kann uns das Objekt, nach dem wir am glühendsten verlangen, am ehesten zu unbesonnener Verausgabung verführen und uns zugrunde richten.«(G. Bataille, 83). Der symbolische Charakter des Todes in der Corrida überhöht die Tauromachie und verleiht ihr den Status einer Kunst (Leiris, 47). Wenn anstelle des Stieres der menschliche Protagonist stirbt, zerbricht die Kunst, weicht aber nicht banaler Wirklichkeit, sondern das grausame Ereignis stellt den Anschluß an den mythischen Untergrund der Tauromachie wieder her: diese erneuert sich als gleichsam sakrale Handlung.

Die athletischen Agone haben sich mit der Verbannung des realen Todes definitiv von der sakralen Sphäre emanzipiert. Eine Rückkehr zum Sakralen durch die Belebung der Erinnerung an die Leichenspiele rückt den Sport wieder in die Nähe des wirklichen Sterbens; eine solche Bemühung übersieht die große kulturelle Leistung, die in der Entfernung vom realen Tod liegt, oder will sie nicht wahrhaben. Diese Errungenschaft wieder rückgängig zu machen und hinter die Einstellung der Moderne zum Tod auf antike (oder pseudo-antike) Vorstellungen zurückzugehen, kennzeichnet die Organisation der Olympischen Spiele 1936 in Berlin, wo den athletischen Wettkämpfen auf merkwürdige Weise der Charakter der Leichenspiele zurückerstattet worden ist.[12] Dies lag mindestens an zwei Einflüssen: Einmal hatte das Nazi-Deutschland als Propagandaakt für das mit Boykott-Befürwortern der Spiele in Deutschland ringende Internationale Olympische Komitee die Ausgrabungen in Olympia, ohnehin seit den Arbeiten von Curtius eine Domäne der deutschen Archäologie, großzügig gefördert. Bei den Tiefgrabungen wurde die enge Verbindung der Wettkämpfe mit dem Kultischen offenkundig. Zum zweiten war der organisatorische Leiter der Spiele, Carl Diem, von dem Ursprung des Sports im religiösen Kult zutiefst überzeugt; der Charakter der großen Feiern und Zeremonien, die das sportliche Geschehen einrahmten, wurde wesentlich von ihm bestimmt. Dennoch zeigt die Tatsache, daß die Nazis ihre Zustimmung zu allen Einzelheiten der Veranstaltung gegeben hatten, daß auch sie ihre Interessen darin gewahrt sahen: die im agonalen Ritus ausgedrückte Wiederherstellung der Ordnung durch ein Opfer, das in Berlin wieder als blutiges gedacht wurde.

Die Opfer waren für den Nationalsozialismus, aber nicht nur für ihn, die – deutschen – Gefallenen des Ersten Weltkriegs. Ihnen zu Ehren wurde gegenüber dem monumentalen Stadion die Langemarck-Halle errichtet (das »templon«, wie sie der Erbauer March nannte), aus deren

---

12 Vgl. hierzu und zu den weiteren Ausführungen über die Olympischen Spiele 1936 in Berlin die Arbeit von Thomas Alkemeyer, *Vergleich zwischen der »Arbeiterolympiade« 1936 in Wien und den Olympischen Spielen 1936 in Berlin,* Ms. Berlin 1985.

Fundamenten der Turm mit der Olympiaglocke aufsteigt. In einem riesigen Dreifuß wurde die Olympische Flamme, ein »Surrogat des antiken Opferfeuers«, entzündet. Die deutschen Sportler marschierten schneeweiß gekleidet ins Stadion ein. Zur Eröffnung wurde Carl Diems gymnastisches Bewegungsspiel »Olympische Jugend« nach der Musik von Werner Egk und Carl Orff aufgeführt, unter Mitwirkung von Harald Kreutzberg, der Palucca und Dorothee Günther. Das vierte Bild, von Mary Wigman inszeniert, hieß »Heldenkampf und Totenklage«; dazu wurde der Text gesprochen: »Allen Spiels heiliger Sinn, Vaterlandes Hochgewinn, Vaterlandes höchst Gebot in der Not, Opfertod.« Am Schluß der Spiele standen Beethovens »Opferlied«, Glockenläuten und ein von Flak-Scheinwerfern gebildeter »Lichtdom«.

Die Absicht, im 20. Jahrhundert athletischen Spielen den sakralen Sinn der griechischen Antike wiederzugeben, verrät das Menschenbild des »homo necans«, des Menschen, der tötet. Der Sport ist aber gerade ein Agon des Menschen, der nicht mehr tötet, weil seine Auffassung vom Tod – und damit vom Leben – nicht auf Rache für den Tod anderer und auf Furcht vor Vergeltung von seiten der Toten beruht. Man wird kaum sagen können, daß die gegenwärtigen Menschen friedlicher geworden seien, als sie es in der Antike waren, aber sie brauchen nicht den Agon, um Frieden mit ihren Toten zu machen, sondern um sich voll dem Leben zuzuwenden und Frieden mit sich selbst zu schließen. Der moderne Sport hat nicht die geringste Funktion für die Bewältigung des Todesproblems von Gesellschaften; darin liegt zweifellos eine seiner wesentlichen Errungenschaften. Umgekehrt vermag er auch keinerlei Antworten auf den Tod zu geben: Obwohl er ihn durch die Ziele, die er den Athleten setzt, durch seine Konkurrenz, sein Überbietungsprinzip, durch die Begeisterung oder Enttäuschung, Emotionen und Affektionen, schließlich durch seinen Appell an die Massen manchmal geradezu provoziert, weiß er darauf nichts anderes zu antworten als: »The games must go on«[13] – ein ebenso banaler wie richtiger Spruch, denn da der Sport keinen Platz für den Tod hat, kann er nur mit dem Spielen fortfahren. Darin liegt gerade seine unerhörte Stärke, daß er so tun kann, als gäbe es den Tod nicht.

Wenngleich die meisten Formen des gegenwärtigen Sports wenig mit dem Spiel gemeinsam haben, wird ihnen die Struktur eines So-Tuns-als-ob zugeschrieben, das (nach Piaget, Huizinga und Callois) als besonders wichtiges Merkmal für das Spiel gilt. Unter dieser Kategorie ist der Sport ein Spiel der ewigen, doch ständig bedrohten Gegenwart. Der Einbruch des realen Todes in eine solche Spielwelt zerstört nicht nur die Spielillusion, er zeigt mit schrecklicher Konsequenz, daß in dieser selbst etwas Unverantwortliches liegt. Die Abwehr von Zerstörung, Trauer und Mitgefühl läßt den Sport als moralisch unempfindlich, sogar unzulänglich erscheinen. Das Spiel gegen den Tod macht aus dem realen Tod ein nicht zu bewältigendes Problem. So werden die Toten, Athleten und Zuschauer, nach kurzer Zeit vergessen oder wie Gefallene in »ehrendem Gedenken« behalten.

Die gelegentlich geäußerte Vermutung, Sport sei in der Gegenwart eine Art Religionsersatz,[14] trifft unter dem Gesichtspunkt der Moral, der Trauer und des Trostes sicher nicht zu. Aber weil er den Tod so souverän an den Rand drängt, vermag er vor individuellen Ängsten zu schützen. Sinnfragen sind bedeutungslos, solange man Sport treibt. Die Größenphantasien der Athleten dulden keine Todesfurcht; für die Zuschauer ist das Leben in der Gegenwart der großen Wettkämpfe um so attraktiver, je stärker ihre Angst vor der Zukunft ist. Die Zeit wird ausgelöscht, das Danach existiert nicht, die Fans haben nur noch die Berührungslust, die Wärme des Augenblicks und die Ent-

13 Der Präsident des Internationalen Olympischen Komitees Avery Brundage nach der mißglückten Geiselbefreiung bei den Olympischen Spielen 1972 in München.
14 Vgl. hierzu Robert W. Coles, *Football as a »Surrogate« Religion?*, in: *Sociological Yearbook of Religion in Britain*, Nr. 8, London 1975.

ladungen in der begeisterten Masse. Was für die Spieler auf dem Rasen der Moment der Wahrheit ist, bildet für die Zuschauer auf den Rängen den unbegrenzten Augenblick einer ausdehnungslosen Existenz. Ihr Traum ist, wo sie schon die Macht über die Zeit gewonnen haben, die Macht über das Stadion.

Der professionell betriebene Sport – und das ist jeder Sport, der in den Medien Aufmerksamkeit erlangt – ruft die Massen der Zuschauer. Mit ihrer Hilfe soll vieles erreicht werden: Emotionen erzeugt, große Geldsummen offeriert, das Interesse der Öffentlichkeit erregt, Sportler angestachelt, Superlative verwirklicht, sportliche und finanzielle Erfolge errungen, Konsumenten zufriedengestellt, Machtgefühle der Funktionäre gesättigt werden; nicht zu vergessen die Wünsche der Medien und der Sportartikelindustrie, die sich mit Hilfe großer sportlicher Ereignisse ihre neuen Kunden heranziehen. Aber die Massen der Zuschauer bringen dem Sport die unkontrollierte Gewalt zurück, die er in der Moderne geradezu exemplarisch beherrscht hat, einmal durch wirksam kontrollierte Konfliktregulierungen, zum anderen durch Disziplinierung von Sportlern und Zuschauern. Mit der Gewalt sieht sich das Spiel gegen den Tod von seinem Widersacher, der schon lange ausgetrieben zu sein schien, bedroht, vom realen Tod. Auch eine Reihe von Athleten, nicht zuletzt durch hohe öffentliche Aufmerksamkeit stimuliert, setzt sich tödlicher Gefahr aus. Aber der Sinn ihrer Risiken liegt in der Vermeidung des realen Todes; insofern bewegen sie sich noch, wenn auch am äußersten Rand, innerhalb des Spiels. Die Zuschauermassen hingegen lassen das Symbolische wirklich werden und stehen damit im Begriff, den Sport von Grund auf zu verändern.

Sport ist Mord

Wieso Sport Mord ist? Weiß ich auch nicht. Man sitzt doch gemütlich vorm Fernseher und trinkt sein Bierchen; natürlich regt man sich auf, selbstverständlich ist die Ehe gefährdet, aber Mord trifft nicht zu.

Wieso soll Sport Mord sein? Das ist nur so 'ne Redewendung. Sport ist Mord, sagt auch Sebastian, er fügt hinzu: Und Massensport ist Massenmord. So haben wir früher gesagt. Damals mußten wir noch selber Sport treiben, Geräteturnen, und diese blonden Sportlehrer, die kein Erbarmen kannten mit unseren krummen Gräten, aber so gerne Hilfestellung bei den Mädchen leisteten, das waren halbe Vergewaltigungen, meine Herrschaften, dann diese ekelhafte Sechskilokugel, die uns fast auf die Füße fiel, Kopfsprünge vom Dreimeterbrett; meiner wurde ein totaler Bauchklatscher, ich hätte gut und gerne Schmerzensgeld fordern können.

Warum durften wir nicht den Sport ausüben, den wir liebten? Ist ja Mord, stöhnten wir bei 3000 m und versuchten abzukürzen, wurden erwischt und bestraft, und so wie die Schule uns Lessing, Goethe, Schiller, Theodor Storm und Thomas Mann für alle Zeiten versaut hat, so erledigte sie auch den Sport, den wir nur mehr vorm Fernsehgerät ausüben. Sport ist Mord? Aber immer.

Die meisten Wasserballspieler sollen übrigens impotent sein, ja, was meinen Sie denn, was sich da alles unter der Wasseroberfläche abspielt, mein lieber Schwan!

Sport ist Mord. Das war Protest gegen die Verheißungen der Körperkultur: Schönheit, Gesundheit, Charakterstärke und dieses ganze verdammte Zeug. Als André Heller noch nicht saturiert war, saß er in einer deutschen Samstagabend-Unterhaltungsshow. Die Augen waren wie grundlose Seen, die Stimme brüchig, da mußte der Landwirtschaftsminister Ertl einfach die Frage stellen, ob der junge Mann keinen Sport treibe, ja, ja, winkte Heller ab, ich weiß schon, dieser faschistoide Quatsch, in einem gesunden Körper wohnt ein gesunder Geist, es lohnt sich nicht, darüber zu reden.

»Das böse Wort vom Sport als Mord sollte bei der steigenden Zahl von Freizeitsportlern mit einem dichten Netz von qualifizierten Sportärzten ad absurdum geführt werden.«
Dieter Schnell, Vizepräsident des deutschen Sportärztebundes

»Wir waren 16, 17, 18 – und das Snowboarden war eine Revolution für uns. Oder zumindest eine Revolte.«
Petra Müssig, Snowboard-Weltmeisterin

»Klar freust' dich. Das ist, wie wenn man aus dem zehnten Stock fällt und überlebt.«
Martin Höllwarth nach einem geglückten Trainingsflug im Skifliegen

»Das ist wie mit dem Kopf durch eine Wand zu gehen.«
Jens Weißflog nach seinem 201-Meter-Skiflug in Bad Mitterndorf

IV Sport ist brutal

»Ich glaube zwar nicht an Glücksbringer, aber ohne diese Hufeisen wäre ich nie Meister geworden!«

Zum Keulenschwingen

Die Merowinger sind weit verzweigt.
Es lebte ein Merowinger,
Den die Geschichte uns leider verschweigt,
Ein wackerer Keulenschwinger.

Mit beiden Händen und Leidenschaft
Schwang er die Keulen, die schönen.
Er schwang sie mit barbarischer Kraft
Unter leisem teutonischen Stöhnen.

Er teilte die Lüfte und teilte vorbei
Mit seiner gewuchtigen Keule.
Er schlug seiner Mutter die Backe entzwei,
Erschlug seine Kinder und Gäule.

Erschlug mit übernatürlicher Kraft
Des Königs wieherndes Vollblut.
Da wurde er aber fortgeschafft
In eine Zelle für Tollwut.

Man nahm ihm die Keule, er konnte nicht mehr
Sie schwingen in sausenden Kurven.
Die Zelle ward still und nahezu leer,
Man hörte nur Schritte schlurfen.

Doch eines Tages dröhnte es dumpf.
Der Wächter tat sich beeilen.
Da sah er einen niedrigen Rumpf
Mit seinen leibeigenen Keulen
Die Wände der Zelle verbeulen.
Da fing der Mann an zu heulen.

FRANZ MITTLER
Der erste Sportbericht

Im Himmel traf ein Kabel ein:
»Knock out schlug ich den Abel. Kain«

»Aber ich breche nicht in Jubelschreie aus, nur weil der andere
zu bluten beginnt.«

»Wenn ich meine Chance nicht nutze, nutzt sie mein Gegenüber. Und zwar hundertprozentig. Ohne Mitleid. Ich werde
sicher nicht nachschlagen, wenn einer am Boden liegt. Aber
wenn ich den Kampf entscheiden kann, dann tue ich es.«

Henry Maske, Boxer

FRED ENDRIKAT
Einem Boxer ins Stammbuch

Du brauchst dich deiner Hiebe nicht zu schämen,
denn Geben ist bekanntlich seliger denn Nehmen.
Was du nicht willst, das man dir tu,
das füg auch keinem andern zu.
Pariere klug und ziele gut
und laß die Rechte niemals wissen, was die Linke tut.

»Ich verlange von niemandem, daß er mich liebt. Ich verlange
nur, daß er mich respektiert. Keiner macht mich an, nennt mich
ein Arschloch oder Idiot und verletzt mich, ohne daß auch er verletzt wird.«

Mike Tyson, Boxer

JOACHIM RINGELNATZ
Box-Kampf

Bums! – Kock, Canada: – Bums!
Käsow aus Moskau: Puff! puff!
Kock der Canadier: – Plumps!
Richtet sich abermals uff.
Ob dann der Käsow den Kock haut.
Oder ob er das vollzieht,
Ob es im Bauchstoß, im Knock-out*
Oder von seitwärts geschieht –
Kurz: Es verlaufen die heit'ren
Stunden wie Kinderpipi.
Sparen wir daher die weit'ren
Termini technici.
Und es endet zuletzt
Reizvoll, wie es beginnt:
Kock wird tödlich verletzt.
Käsow aber gewinnt.
Leiche von Kock wird bedeckt.
Saal wird langsam geräumt.
Käsow bespült sich mit Sekt.
Leiche aus Canada träumt:
Boxkampf-
Boxer-
Boxen-
Boxel-
Boxkalf-
Boxtrott-
Boxtail-.

* Sprich- »nock«, wie Butternockerlsuppe.

GÜNTER KUNERT
Alter Boxer

Da wird mit der Wucht
eines gepolsterten Hammers
das Gehirn bearbeitet.

Da wird es zu Pudding,
Inklusen darinnen:
farblose Bilder und
abgestorbener Ruhm.

Da die fehlende Erinnerung
an den Namen, den er einst hatte,
nur eine Kruste zurückließ:

den da selber.

»Boxen ist kein Sport. Es ist ein Lebenskampf, auf ein Dutzend
Runden zusammengedrängt.«   *Fritz Kortner, Schauspieler*

»Boxer gehören zu den übelsten Menschen der Welt. Sie können nicht sagen, es tut mir leid, daß ich dich verletzt habe.«
Joe Frazier, Boxer

»Mir ist eine Inszenierung lieber als gar keine Berichterstattung.
Ich bin dankbar für das Interesse. Auf gut deutsch: Ich bin froh,
daß ich mit dem Boxen genug Geld verdienen kann. Und
solange der Zuschauer nach dem Kampf noch vom Kampf redet,
sind wir noch nicht auf dem Holzweg.«   *Henry Maske, Boxer*

»Aber ein Boxprofi hat nicht ganz so viel zu sagen wie zu schlagen.«   *Birk Meinhardt, Sportjournalist*

ROR WOLF

Wir schalten noch einmal um

Sehnenriß
Bänderriß
Knochenriß
Kapselriß
Innenbandriß
Kreuzbänderriß
Bauchmuskelriß
Muskelfaserriß

FURLER: dankeschön,
hier gibt es im Augen-
blick nicht viel zu sagen,
deshalb schalte ich um
nach München zu
Oskar Klose. Hallo,
Oskar Klose, hören
Sie mich?

KLOSE:
ja ich höre Sie, Adi
Furler, und mache
weiter. Und da es
hier nichts zu be-
richten gibt, gebe
ich jetzt hinüber zu
Ihnen nach Stuttgart.
Hallo, Peter Klein,
wie sieht es bei Ihnen
inzwischen aus?

Fußbruch
Knöchelbruch
Rippenbruch
Jochbeinbruch
Schienbeinbruch
Kieferbruch
Schädelbruch
Ellenbogenbruch
Nasenbeinbruch
Handrückenbruch
Oberarmbruch
Unterarmbruch

Rißwunden
Schürfwunden
Platzwunden
Fleischwunden
Fußwunden
Stirnwunden
Kniewunden

Leiste
Leiste
Meniskus
Meniskus
Meniskus

Knochenabsplitterungen
Oberschenkelgeschwülste
Oberlippenverletzungen
Brustkorbquetschungen
Achillessehnenentzündungen
Absprengungen am Fußwurzelknochen,

FURLER: ich glaube, wir können jetzt umschalten, der Rasen ist in einwandfreiem Zustand. Das Wetter, wie ist das Wetter bei Ihnen?

KLOSE: oh, das Wetter ist ausgezeichnet. Der Rasen macht einen sehr guten Eindruck. Und jetzt hinüber zu Ihnen. Wie ist das Wetter bei Ihnen?

KLEIN: vielen Dank, das Wetter ist wirklich sehr gut, der Rasen ist ideal. Ich glaube, ich gebe erst einmal zurück. Was gibt es Neues bei Ihnen? Was gibt es Neues, Adi Furler?

Hüftprellung	Hüftgelenkverrenkung
Brustprellung	Sprunggelenkentzündung
Schulterprellung	Kreuzbanddehnung
Vorfußprellung	Wadenmuskelzerrung
Augapfelprellung	Oberschenkelquetschung
Schienbeinprellung	Ellenbogenverrenkung
Steißbeinprellung	Schultergelenkabsplitterung
Hüftgelenkprellung	Schlüsselbeinsplitterung
	Absplitterung an den Gelenkkapseln

plötzlich war auch das Schulterklavikulargelenk gesprengt, Oberschenkel und Bauchgegend waren aufgerissen, Blut spritzte aus dem Fuß, es quoll durch den von einem aus dem Stollen herausstehenden Nagel aufgerissenen Schuh. Er wälzte sich plötzlich schmerzverzerrt nach einem Tritt in die Magengrube, plötzlich rieb er sich röchelnd den Knöchel, er hielt sich das dicke Knie, alles war plötzlich geschwollen, das mit Blut überströmte Gesicht auf der dünnen Schneedecke, schmerzverzerrt, er betastete den gebrochenen Kiefer, die aufgerissene Wade, den aufgeschlitzten Spann, den ausgekugelten Arm, das geschwollene Jochbein, die ausgerenkte Schulter, den gesplitterten Knöchel, den gebrochenen Knochen, den offenen Kopf ...

FURLER: ja, hier ist Köln. Hier sind wir wieder, meine Damen und Herren.

KLEIN: wie sieht es bei Ihnen aus?

FURLER: na ja, bei uns sieht es der Situation entsprechend aus. Es ist alles beim alten geblieben. Ich gebe jetzt weiter deshalb nach München, zu Oskar Klose. Oskar Klose, hat sich bei Ihnen etwas verändert in München?

KLOSE: nein, Adi Furler, es hat sich gar nichts verändert bei uns, wie Sie hören können, noch zwei Minuten sind hier zu spielen, und es sieht ganz so aus, als ob nichts mehr geschehen würde. Ich gebe deshalb noch einmal zurück zu Ihnen.

FURLER: und da auch hier nichts mehr geschieht, schalte ich gleich weiter zu Peter Klein nach Stuttgart ... Hallo, Peter Klein, wie sieht es bei Ihnen aus? Ist noch etwas passiert in den letzten Minuten?

KLEIN: nein, hier ist nichts mehr passiert, wir warten hier auf den Schluß, der jeden Moment kommen muß ...... da ist er, der Schluß, meine Damen und Herren, wir verabschieden uns und geben zurück in die angeschlossenen Sender.

.....der bärenstarke Nogly bohrt seinen Schädel in den Hinterkopf von Siemensmeyer, Siemensmeyer fällt um, und Nogly marschiert einfach weiter, oh das war hart, jetzt, drei Minuten vor Schluß, und Heese sinkt in den Schnee, nach dem Zusammenprall, das war doch nicht nötig, mit den Köpfen zusammengekracht, und Netzer wird umgesägt, das Bein ist offen bis auf den

88

Knochen, aber der Pfiff bleibt aus, das müßte verboten sein, der Tritt hat Kostedde beinah den Kopf abgerissen, Rupp humpelt, ein böses Ding, mit hühnereidicken Prellungen am Schenkel, das muß doch nicht sein, Diehls Knie schwillt und schwillt, Sengers Fuß, der sonst nach vorn zeigt, steht jetzt nach hinten, wimmernd und wälzend am Rande behandelt, oh meine Damen und Herrn .... er tupft sich mit einem Wattebausch das Blut vom Gesicht; die Schwellungen klingen ab, die Blutergüsse verschwinden, alles ist auf dem Wege der Besserung, der Abriß am Hinterhorn des linken Meniskus stellt sich als glatte Sache heraus, alles wächst wieder zusammen, die Fäden werden aus dem genähten Bein gezogen, und alles ist wieder eingerenkt, vom Gipse befreit, alles wohlauf, alles gesund und munter, unversehrt, unverwüstlich, er springt von der Bahre herab, die Binden sind abgewickelt, kein blutiges Wochenende, es sah alles schlimmer aus, als es war.

TONI SCHUMACHER

Verletzungstrauma

Fußball ist kein Sport für empfindliche Bübchen, sondern für knallharte Kerle, die über die Grenzen der Belastbarkeit hinausgehen müssen.

Im Profifußball ist ein Spieler zunächst einmal eine teure Investition. Krankheiten oder Verletzungen führen zu weniger Einsätzen und damit zu finanziellen Einbußen. Es herrschen Leistungsdruck und Erfolgszwang. Die Versuchung, kranke Spieler »fit« zu »spritzen«, ist groß. Ärzte und Spieler fühlen sich oft von Managern und Trainern unter Druck gesetzt. Ein Kreuzbandriß heilt in acht bis zwölf Monaten. Trainer betrachten eine Heilungszeit von sechs Monaten für ausreichend.

Ich lebe in ständiger Angst vor Verletzungen, die mich für längere Zeit spielunfähig machen könnten. Nur weil ich mir bisher mit Erfolg einreden konnte, daß Schmerzen Einbildung sind, kann ich meine lädierten Knochen ignorieren. Mein Vorbild bleibt eben Sepp Maier. Er hat trotz und mit Verletzungen über 400 Spiele nacheinander ohne Unterbrechung bravourös absolviert.

Eine tiefe Fleischwunde am Knie – ich spiele weiter. Auf die Zähne beißen, auch wenn's knirscht. Danach: ins Krankenhaus, ein halbes Dutzend Klammern … Am darauffolgenden Samstag stehe ich wieder im Tor. Wehleidigkeit kann ich nicht ausstehen. Bisher habe ich es immer geschafft, Schmerzen zu vergessen.

1980. Europameisterschaft in Rom. Ich stürze im Training, falle unglücklich auf die Hände. Ein unheilvolles Knirschen. Das sofortige Anschwellen bestätigt meine Befürchtung: Der linke Ringfinger ist gebrochen, die Hand unbrauchbar. Ruhig Blut, halt bloß den Mund, Toni. Wenn Derwall und der Mannschaftsarzt von der Verletzung Wind kriegen, schicken die mich glatt nach Hause. Ersatztorwart Franke würde für mich einspringen. Und wer garantiert, daß mir mein Platz in der Nationalmannschaft erhalten bleibt?

Ich informiere nur Rüdiger Schmitz über mein »Malheur«. Lagebesprechung in meinem Hotelzimmer. Bald sitzen wir über einer Skizze – wir entwerfen einen »Sonder-Torwart-Handschuh«. Mit einer eingebauten Gipsmanschette. Dadurch läßt sich der geknickte Finger am gesunden Mittelfinger abstützen und immobilisieren. Würde das die Rettung sein?

Rüdiger machte sich eiligst auf den Weg nach Metzingen. Dort wohnt mein Handschuhfabrikant Gebhard Reusch. Die schwäbischen Handschuhmacher verstehen sofort, fertigen im Eiltempo zwei Spezialhandschuhe an: je einen für trockenes und für nasses Wetter. Die »guten Stücke« im Gepäck, fliegt Rüdiger von Stuttgart zurück nach Rom.

Europameisterschaftsfinale. Der gebrochene Finger hielt tadellos. Der restliche Toni Schumacher auch. Wir wurden Europameister.

Jubel, Begeisterung. Nach unserem Sieg unterrichtete ich endlich auch Derwall und die anderen offiziellen Betreuer. Verdutzte Gesichter: Schreck, Erleichterung und schließlich Anerkennung.

Sie bestürmen mich mit Fragen. Ob ich mir meiner Verantwortung bewußt gewesen sei? Keine Angst gehabt hätte zu versagen?

»Nur bei dem Gedanken, mir beim heutigen Spiel noch ein paar Finger zu brechen«, grinste ich erleichtert, in der Sicherheit, die Nummer Eins zu bleiben.

Soweit ich zurückdenken kann, habe ich gegen meine Schmerzen gespielt. Muskelfaserrisse, Meniskusoperationen, chirurgische »Reparationseingriffe« in meinen Ferien. Die sehen dann so aus: Samstags spiele ich noch das letzte Saisonspiel. Montags klettere ich auf Professor Schneiders Operationstisch in Köln. Nach zweiwöchigem Krankenhausaufenthalt bleibt mir dann eine Woche »Erholung« zu Hause. Bis zum erneuten Trainingsanfang. Nur so kann ich dem ersten Saisonspiel fit entgegensehen.

»Du bist die Nummer Eins. Die mußt du auch bleiben. Existenzfrage! Du darfst dem zweiten Torwart keine Chance lassen, dir den Ast abzusägen.«

Freundschaft, Konkurrenzkampf ... auf Chancen lauern ... auf Verletzung des Rivalen hoffen ... Torwartschicksal ...

Zerschundener Körper. Kein Zentimeter, der nicht schon mal geprellt, gezerrt, getreten worden ist. Ein moderner Gladiator? Die Knochen stöhnen – weiterspielen! Volles Risiko, voller Körpereinsatz. Leider hab ich nicht das Glück, wie der italienische Torwart Dino Zoff hinter einer Topabwehr zu stehen. Mein ganz spezieller Freund Jean-Marie Pfaff ist in München auch besser dran als ich. Er soll sich ruhig weiter für den besten Torkeeper der Welt halten; was stört es die stolze Eiche ... Mir ist nichts geschenkt worden.

Nach dem Urteil von Professor Schneider bin ich das präzise Gegenteil eines Modellathleten. Seit Jahren leide ich unter schweren hinteren Kreuzbandschäden, die durch einen Sportunfall verursacht wurden. Diese eigentlich schwerwiegende Behinderung nennt man »Wackelknie«. Durch meine X-Beine, Symptome für eine »vererbte Schwäche im Kniebereich«, wird die Sache noch verschlimmert. Von der Statik her sind meine Gelenke sehr strapaziert. Die Belastung der Kreuzbänder ist extrem. Eine Operation wäre dringend angebracht, ihre Folgen aber sind unvoraussehbar. Vorbeugen ist augenblicklich für mich die einzig akzeptable Lösung. Professor Schneider sagt dazu: »Ich könnte operieren. Ohne jede Garantie. Mit monatelanger, absoluter Ruhigstellung. Aber wir können auch noch etwas anderes versuchen«, erklärte er mir. »Zur Kompensierung Ihrer Kreuzbandschwächen schlage ich Ihnen ein intensives Training vor. Sie müssen den Quadrizeps, die vier Muskelstränge über dem Knie, so intensiv trainieren, daß er die Kniescheibe festhält. Ein Glück, daß Sie so trainingsbesessen sind. Sie werden es schaffen.«

Professor Schneider weiß, daß ich bis zur Erschöpfung trainiere; er kennt meine extrem hohen Anforderungen an mich selbst. Er weiß auch um meine Zähigkeit, an mir zu arbeiten. Ich schufte und trainiere mich halb tot, genau wie Kurt Bendlin, auch ein Patient von Professor Schneider. Der stellt sich manchmal die Frage nach dem »Warum«.

»Der Zehnkämpfer Bendlin«, sagt Schneider, »das ist ein Schmerzkünstler. Der fühlt sich nur nach grausamer physischer Belastung wohl, richtig glücklich. Training ist für ihn wie eine Droge. Das Evangelium.«

Das paßt auch auf mich. Bei Behandlungen bleibe ich stoisch, unempfindlich. Radikale Methoden ziehe ich sanften vor; lieber schnell eine Spritze als eine langwierige

Massage. Ist das Masochismus? Selbstbestrafung? Weil ich zuviel verdiene, die Kumpel aus der Südkurve im Stich gelassen, Battiston krankenhausreif angesprungen habe? Drei gute Fragen. Antworten unmöglich. Sicher ist nur: Meine Trainingsbesessenheit ist ein Mittel zur Selbstbestätigung. »Selbstbefriedigung«, behauptet Rüdiger, mein Manager, wenn er schlecht gelaunt ist.

Unter Fußballspielern, auch unter Nationalspielern, gibt es immer auch welche, die, wie Kinder, ein bißchen sadistisch veranlagt sind. Im Trainingslager passierte es schon mal, daß ein Verrückter auf einer Kerzenflamme seinen Kaffeelöffel zum Glühen brachte und ihn dann einem seiner Mitspieler auf den Arm preßte, wie im Wildwestfilm: Brandzeichen für Rindviecher! Alle Opfer dieses anrüchigen »Scherzes« brüllten wie am Spieß. Ich nicht. Aushalten.

Meine Frau Marlies wollte das nicht glauben. »Probier's doch mal aus«, meinte ich. »Drück doch deine glühende Zigarette auf meinem Arm aus.« Marlies nahm tapfer ihre Zigarette zwischen die Finger. Es roch schon nach verbrannten Haaren und geröstetem Fleisch. Ich habe nicht mit der Wimper gezuckt und den Arm nur bewegt, um, wenn nötig, meine ohnmächtige Marlies aufzufangen.

Ich will wie Rocky sein. Kein Schwächling. Ich weiß nur zu gut, daß ich die Abnutzungserscheinungen aus meinen Knochen verjagen muß. Kondition halten ist Dauerkampf. Der Gedanke an wirkliche Ferien macht mir fast Angst. In längeren Trainingspausen, fürchte ich, könnten Bänder und Muskeln ausleiern. Ob ich dann wohl in »Ersatzteile« auseinanderfalle? Also: lieber konsequentes Training, auch im Urlaub. Zweimal täglich. Dazwischen gönne ich mir Ferienlaune, Zeit für die Kinder, Mußestunden mit Marlies, Spaß mit Eltern und Freunden. Irgendwo im Hinterkopf nistet immer die Furcht, am süßen Nichtstun Gefallen zu finden. Auf Marlies' entsetztes: »Hör mal, bist du verrückt? Wir haben Urlaub! Mach doch mal drei Wochen lang nichts!« finde ich nur eine lahme Ausrede: »Schatz, das geht nicht. Das kann ich mir nicht erlauben, in meiner Position. Stell dir vor, mir würde das so gut gefallen, daß ich nachher keine Lust mehr an der Schinderei hätte ...«

Seelennöte sind aber noch um vieles schlimmer als wurmstichige Knochen. Fleischwunden und Knochenbrüche kann man sehen, seelische Verletzungen nicht. Sie spürt man, tief im Inneren, unbestimmt irgendwo im Körper. Und sie können einen verrückt machen.

Nach der Weltmeisterschaft, im August und September 1986, war ich am Boden zerstört. Tausend böse Geister bearbeiteten meine Nerven mit Schmirgelpapier. Die verpaßte Flanke im Finale gegen Argentinien, das verschuldete 1:0, saß tief in mir fest. Ich hatte endlich zwei spielfreie Wochen, konnte aber nicht verreisen, weil die Kinder in die Schule mußten. Nach drei Tagen »Heimurlaub« hatte ich meine Marlies reichlich beim Spülen, Bügeln, Putzen bewundert. Ich steckte vorsichtig meine Nase ins Trainingsstadion. Beschäftigungszwang. Die Furcht, mit meiner Mexiko-Niederlage allein zu sein.

Trainer Keßler tippte sich an die Stirn: »Zisch ab, du Nervenbündel. Training kommt überhaupt nicht in Frage. Laß dich endlich gehen, ruh dich aus, tu nichts. Hör auf, den verrückten Tünnes zu spielen!« Rückzug in öde Langeweile. Ich lief im Haus rum wie Falschgeld, stand Marlies ständig im Weg. Mehr als 70 Länderspiele, Europa- und Weltmeisterschaft. Nach sechs Jahren ohne Urlaub war ich überdreht. Konnte einfach nicht abschalten. Geld hatte ich verdient. Anerkennung auch. Hatte eine liebevolle Frau, zwei gesunde Kinder. Und ich patentierter Vollblutidiot fürchtete, meine Spannkraft zu verlieren, weichlich und oberflächlich zu werden. Schlimmer noch. Ich ertappte mich dabei, daß ich meine gewohnten »Krankenhausferien« vermißte. Es war pervers.

Wohin wird mich die Furcht vor dem grauen Alltag noch treiben? Marlies kann sich nicht vorstellen, wie ich eines Tages ohne meine geliebte »Zwangsjacke Fußball« auskommen will. »Das siehst du ganz falsch«, protestiere ich schwach. »Ich träume vom Leben auf einem Bauernhof inmitten von lauter Grünzeugs. Stille. Absolute Ruhe. Null Streß. Kein Ärger, kein Zwang, dem ich mich wie bisher für unseren Platz an der Sonne unterwerfen muß. Ich träume von einem vollkommen ruhigen, friedlichen Leben.«

Marlies ist nicht nur schön, sondern auch klug. Über meine Tagträumereien lacht sie mich einfach aus. Und schweigt. Sie weiß genau, daß ich mich mal wieder selbst belüge.

Der Erfolgszwang beim Fußballstreß bringt ja auch »Lust«. Man läßt die Menge vibrieren, vibriert mit der Masse. Erfolg. Applaus. Tiefe Emotionen, die nicht so leicht ersetzbar sind. Fußball ist eine Sucht, die auffrißt. Und immer mehr Einsatz fordert.

Ich habe ein Ziel angestrebt. Ich habe es erreicht und stehe jetzt ganz oben in der dünnen Luft. Und bin noch nicht zufrieden. Das ist so. Hat man erst mal einen Berg erklommen, scheint der Gipfel enttäuschend banal. Erklimmen ist alles. Vorspielfreuden? Ist man ganz oben, kann schon die Trauer einsetzen beim Gedanken an den Abstieg oder an den nächsten Berg ... noch höher, noch schwieriger?

Ein Zeichen von Arroganz?

Mutter meint bekümmert: »Leute, die so wie du denken, können einfach den Hals nie voll genug kriegen.« Wie früher macht sie mein selbstzerstörerischer Ehrgeiz betroffen.

Wahr ist: Ich fürchte den Tod nicht. Der Sensenmann mit Umhang und schwarzem Schlapphut läßt mich jetzt schon kalt. Es kann da drüben nur schöner werden, als es hier und jetzt ist ...

Probleme gibt's da nicht. Nur Freude, Frieden. Eines

Tages treffen wir uns alle da oben wieder. Davon bin ich felsenfest überzeugt. Dann kriegen die Guten wie die Schlechten noch mal eine letzte Chance, sich einen Platz unter den Auserwählten zu verdienen. Wenn meine Lebenslust schwindet, die Hektik in meinem Leben überhandnimmt, wünsche ich mir Stille, Todesstille.

Im September 1986, nach der Weltmeisterschaft, war es wieder soweit: Unsicherheit im Tor, Schiß vor Flanken. Übertraining, um die Angst zu verschütten. Vergebens. Am liebsten wäre ich hinter und nicht vor dem Tornetz gestanden. Rein psychologisch bedingt, verkroch ich mich in die Defensive. Und litt an Depressionen.

»Was wird mit dem Nationaltorwart?«, »Schumachers Fehler«; so und ähnlich lauteten die Schlagzeilen. Beim Spiel in München: »Schumacher ist am verlorenen Endspiel schuld«, sangen die Flachköpfe.

Was konnte ich schon machen? Nur der Tod scheint Depressionen verjagen, Friedenssehnsüchte erfüllen zu können.

Nie mehr überfordert sein, nie mehr vom eigenen Ehrgeiz vorangepeitscht werden.

Das Leben kann die Hölle sein. Bedeutet Tod Ruhe, Geborgenheit?

»Hör auf!« erregen sich Marlies und Rüdiger, wenn ich über diese Dinge laut nachdenke. »Mach dich und uns doch nicht verrückt!« Was wissen die schon von meinen Ängsten zu versagen. Von der Last, die der Erfolg auferlegt. Gottlob sind die beiden da.

Meine Kinder, meine Familie. Sonst hätten mich die grauen Wölfe der Depression noch häufiger in ihren Fängen.

»Nach vorne, Toni«, feuert mich Rolf Herings an. »Den Knacks hast du im Kopf. Flanken sind für dich doch nie ein Problem gewesen. Sei aggressiv. Das Endspiel in Mexiko? Vergiß es! Battiston? Auch vergessen!«

Zwischen August und Oktober 1986: Für Wochen, für

96

Monate war mir das Selbstvertrauen abhanden gekommen.

»Jetzt bist du zu spät dran, Toni! Der Nächste! Bravo! Einen Schritt mehr nach links! Fausten!« verlangt Rolf. Dann: »Rennen ist immer besser als Fliegen. Versuch, den Ball zu pflücken. Fausten ist das Beste. Nur Fausten.« Mein Trainer behandelte mich wie einen Rekonvaleszenten. Ich war auch einer.

An einem Montag im Oktober, Monate nach dem wirkungslosen Ziegenbockhüpfer im Aztekenstadion von Mexiko, rastete das Oberstübchen wieder ein. Ich hatte wieder Lust, den Ball anzugreifen.

»Klasse, du kommst aus der Reserve«, freute sich Herings und jubelte: »Du bist endlich wieder der alte Toni!« Das Mexiko-Syndrom war auskuriert, behoben. Der Ball wieder Beute, ich der Tiger. Es ging wieder aufwärts, auch mit der Lebenslust.

Der Ernstfall mußte wieder geprobt werden. Aber wann? Rolf Herings wartete ab, war geduldig wie immer.

13. Spieltag, regenverhangener Himmel, naß und kalt. Miesester Tag dieser Bundesliga, niedrigste Besucherzahlen der Saison.

Rüdiger Vollborn, Torwart von Bayer Leverkusen, spielt wieder sehr gut gegen Berlin. Pressestimmen heben den 23jährigen schon in die Nationalmannschaft. »Nicht akut«, beteuert der Betroffene; er habe noch Zeit, sei noch zu jung. Und dann setzt er noch einen drauf: »Aber diejenigen, die heute stark sind, sind eigentlich schon ziemlich alt.«

Zugegeben, an diesem 10. November 1986 war ich wieder der Alte. Ich war geheilt. Konnte fausten, retten, ja, ich war wieder der Alte – aber nicht im Sinn von Vollborn. Die Hemmungen waren verflogen, ich war wieder klar.

»Unglaublich, was der Schumacher gehalten hat«, so der Nürnberger Trainer Höher.

Ohne Verzögerung setzten sich meine inneren Reflexe wieder in den Muskeln um, in Hundertstelsekunden erfolgte die richtige Handlung. Ich war voll da. Freude bei den Mitspielern und beim Trainer. Wir gewannen 3:1.

Am nächsten Tag rückte mich die Bild-Zeitung in ihrer Werteskala wieder auf Platz Eins: Weltklasseleistung heißt das.

»Toni, du hast uns gerettet«, begeisterten sich die meisten der Mitspieler. Die Komplimente gingen mir runter wie Honig. Nach Wochen der Verzweiflung, der gähnenden Leere in meinem Innersten, nach den fragenden Blicken in eine ungewisse Zukunft war ich plötzlich wieder ganz oben. Oben, dort, wo man neuen Überblick gewinnt.

»Sogar der von Kritikern durchgeschüttelte Nationaltorwart Schumacher meldete wieder alte Klasse an«, wußte die Welt am Sonntag den Fußballfreunden zu berichten. Rüdiger Vollborn muß wohl noch warten. Hoffentlich ist er auch geduldig.

»Ein gelungenes Debüt hatte der bekannte Schriftsteller Toni Schumacher. Obwohl er beim 9:0-Sieg seiner Mannschaft gegen die Sportfreunde Schwalbach faktisch nichts zu halten hatte, gelang es ihm, einem gegnerischen Stürmer die Nase blutig zu hauen.«
taz

»Die Leute, die behaupten, ich sei ein brutales Schwein, die kennen mich nicht. Ich gehe höchstens über meine eigene Leiche.«
Toni Schumacher, Torwart

»Torwarte erinnern mich an Kamikaze-Flieger, Selbstmord ist einkalkuliert.«
Max Merkel, Fußballtrainer

»Geht der Torwart hoch, und es springt ihn einer an, muß es normalerweise nur knallen. Die Angreifer müssen schon bei der Flanke abdrehen und sich sagen: So, heute traue ich mich da nicht mehr hin.«
Oliver Kahn, Torwart

»Fußballer treten alles, nur nicht das Geld, mit Füßen.«
Peter Stiegnitz, Journalist

EUGEN ROTH

Sport

Ein Mensch weiß noch aus Kindertagen
Vom Glanz der alten Heldensagen.
Nur Siegfried hat er nicht gemocht,
Von kleinauf, weil der unfair focht.
Und immer hat ihn schon erzürnt,
Daß der getarnt war und gehürnt.
Sich solcher Finten zu erdreisten,
Dürft heut kein Kämpfer mehr sich leisten.
Er würde dis- (mit einem Wort!)
Qualifiziert in jedem Sport
Und alle Blätter würden melden
Die Schande so entlarvter Helden.
Den Vorteil hat die Gegenwart:
Die Gleichberechtigung beim Start.
Obwohl der Mensch sich oft ertappt
Beim Wunsch, *er* wäre tarnbekappt,
Sah er moralisch sich verpflichtet,
Daß er auf solchen Trick verzichtet.

JOACHIM RINGELNATZ

Ringkampf

Gibson (sehr nervig), Australien
Schulze, Berlin (ziemlich groß).
Beißen und Genitalien
Kratzen verboten. – Nun los!

Ob sie wohl seelisch sehr leiden?
Gibson ist blaß und auch Schulz.
Warum fühlen die beiden
Wechselnd einander den Puls?

Ängstlich hustet jetzt Gibson.
Darauf schluckt Schulze Cachou.
Gibson will Schulzen jetzt stipsen.
Ha! Nun greifen sie zu.

Packen sich an, auf, hinter, neben, in,
Über, unter, vor und zwischen,
Statt, auch längs, zufolge, trotz
Stehen auf die Frage wessen.

Doch ist hier nicht zu vergessen,
Daß bei diesen letzten drei
Auch der Dativ richtig sei.

(Pfeife des Schiedsrichters.)

Wo sind die Beine von Schulze?
Wem gehört denn das Knie?
Wirr wie lebendige Sulze,
Mengt sich die Anatomie.

Ist das ein Kopf aus Australien?
Oder Gesäß aus Berlin?
Jeder versucht Repressalien,
Jeder läßt keinen entfliehn.

Hat sich der Schiedsmann bemeistert
Lange parteilos zu sein;
Aber nun brüllt er begeistert:
»Schulze, stell ihm ein Bein!

Zwinge den Mann mit den Nerven
Nieder nach Sitte und Jus.
Kannst du dich über ihn werfen
Just wie im Koi, dann tu's!«

ÖDÖN VON HORVÁTH

Die drei Gesellen

Im Wirtshaus zum »Asketen Sport« saßen in einer Ecke drei Gesellen beim Bier.

»Ich trinke auf die Kraft!« sprach der eine mit Stentorstimme aus griechisch-römischem Brustkasten.

»Ich trinke auf den harten Schlag!« sprach der zweite, und unbewußter Weise ballten sich seine Hände zu Fäusten.

»Ich trinke auf die Gewandtheit!« sprach der dritte, ein dürres Männlein mit gelben Schlitzaugen, der auf seinem Stuhle saß wie eine Schlange, die sich zwingt, aufrecht zu tun.

Nachdem nun alle drei getrunken haben, wollte ein jeder den eigenen Trinkspruch mit Erläuterungen versehen – leider: gleichzeitig. Denn da hörte ein jeder nur sich selbst, was zur Folge hatte, daß keiner den anderen verstehen konnte, was wiederum zur Folge hatte, daß alle drei in Wut gerieten. Und die Wut wuchs und wuchs bis zu pompöser Keilerei – immer einer gegen zwei! Dazu benötigt man aber bekanntlich genau so viel Kraft wie harten Schlag und Gewandtheit.

Jedoch erst am nächsten Morgen brachte sie der Spiegel zu dieser Erkenntnis. Da saßen sie nun im Stübchen und schrieben in ihre Tagebücher mit gefühlsdurchdrungenen Lettern:

»Ehre sei Gott in der Höhe und Friede unter den Sportlern auf Erden, sofern sie guten Willens sind!«

Was heißen soll: » – sofern sie dem Leben abgewandt bleiben.«

»Ich habe manchmal gedacht, wenn ich keinen Haß in den Augen habe, bringe ich keine Leistung.«
Michael Schulz, Fußballspieler

»Fußball ist heute der kürzeste Weg ins Krankenhaus.«

Ricardo Zamora, Torwart

»Hör auf, mir in die Knochen zu treten, und spiel endlich Fußball!«

Johan Cruyff zu Berti Vogts im Endspiel der Fußball-WM 1974

»Ich schwinge meine Torwartkelle manchmal wie eine Axt; deshalb dringen so wenige Stürmer in meinen Torkreis ein.«

Ron Hextall, Tormann bei den Philadelphia Flyers

»Das wichtigste an diesem Sport ist nicht, einen Gegner zu schlagen. Der erste Punkt ist, Verantwortung zu übernehmen. Mit sich selbst klarzukommen, sich selbst zu erkennen, Leistungsfähigkeit einschätzen zu können, die Verantwortung für seinen Gegner, wenn man überlegen ist, zu übernehmen. Ihn bestrafen, wenn er einen Fehler macht, aber es muß nicht so hart sein.«

Henry Maske über Boxen

V Sport ist militant

»Es kann ja sein, ich treffe beim ersten Mal nicht.«

TIBOR DÉRY
Zur freundlichen Erinnerung

In den sanften bürgerlichen Zeiten der neunziger Jahre
liebte man Schwäne, aß Korinthenbrot, und die wollenen
Strümpfe der Damen dufteten nach Lavendel oder zerrie-
benen Zitronenschalen. Die Großmütter blickten gütig
lächelnd durch eisenumränderte Brillen. Man glaubte an
Metschnikoff und Professor Jäger.

Einmal in der Woche wurde gebadet. Fahrzeuge mit
heißem Wasser in Fässern zogen durch die Straßen und
boten für billiges Geld ihre Ware feil. Aus den Fenstern
angerufen, hielten sie vor dem Haustor, und die bärtigen
Kutscher brachten, danaidengleich, Wasser in zahllosen
Bottichen und einen Badetrog über die steilen Treppen
herauf. Die Köchin fütterte den Trog mit einem blüten-
weißen Leinentuch, in das man sich beim Baden ret-
tungslos mit allen Gliedmaßen verstrickte, wie in ein
Spinnennetz. Spät am Abend holten die Männer die leer-
gebadeten, seifenschaumigen Gefäße ab, wobei sie mit
zusammengepreßtem Mund und leicht gelangweiltem
Gesichtsausdruck den Kopf zur Erde neigten. Man hatte
ein Gefühl, als hätten sie unserem körperlichen Dasein die
Beichte abgenommen.

Um diese Zeit, acht Jahre alt, im Sommer, wurde ich in
das Sportleben eingeführt. Nach der ersten Schwimm-
stunde in der Badeanstalt öffnete sich meiner sechs Jahre
alten Kusine der lichtblaue Bademantel, und ich sah, wie
Frauen beschaffen sind. Dann ging ich Tee trinken und riß
unbekümmert viele Blätter von den Lorbeersträuchern im
Park, um aus ihnen, wenn der Sommer einmal vorüber
sein wird, Öl und Erinnerungen zu pressen.

Sport galt um diese Zeit als gefährlich. Gute Turner hatten
einen schlechten Leumund beim Lateinprofessor, und wer
Bock und Reck beherrschte, galt für verrucht. Fußball war

104

fast gleichbedeutend mit Kartenspiel oder verbotener Liebe; nur die Schlechtesten in der Klasse waren gelenkig. Der Turnlehrer grüßte die Herren Kollegen weit vorgebeugt mit inferiorem Hutschwung. Er war der einzige unter ihnen, der keinen Bart trug.

Das Zeitalter roch nach Pomade, Hauskost mit viel Einbrenne und einer penetranten Verehrung von Dichtern und Musikern; Dinge, die der freien Entwicklung des Körpers hinderlich sind. Es gab noch wenig Leute, die der Meinung waren, daß die Frauenfigur der Fortuna auf einem Medizinball einherrollt, und keinen, der Mädchenbrüste mit Tennisbällen verglich. Als die Kunde von England kam, daß es für die Entwicklung des Geistes, also der Geschäfte, nicht unbekömmlich sei, den Körper auch unterhalb der Gürtellinie täglich mit kaltem Wasser abzureiben, gab es ein allgemeines Kopfschütteln, wie bei Erfindung der Dampflokomotive. Der zart rosafarbene Schleier einer unhygienischen, aber milden Weltanschauung bekam von der Nachricht ein Loch wie von einem Messerhieb. Es war der Anfang des Endes der humanistischen Idee.

Sport betrieben nur die Gentry, Grafen, Barone und ein Bierbrauereibesitzer. Sie setzten im Frühling graue Zylinderhüte auf und fuhren zum Rennen hinaus, worauf es sofort in Strömen zu regnen begann. Um diesem magischen Schauspiel beizuwohnen, defraudierten einige kleine Kassierer und Versicherungsagenten, Kassenboten und Schweinezüchter und je ein Beamter des Agrar- und des Kultusministeriums, letztere sozusagen ex officio. Mit dem ersten Revolverschuß konnte die Saison als eröffnet betrachtet werden. Am selben Abend schüttelten in sämtlichen Lehnstühlen des Landes die bürgerlichen Väter ihre bärtigen Köpfe und hoben vor den Söhnen warnend den Zeigefinger. Als weiterer Beweis für die Gefährlichkeit des Sportes galt noch der bekannte Haifisch von Fiume und das Abbrennen von Feuerwerk am k.u.k. Geburtstag (da einmal eine Rakete vorzeitig explodierte). Die Detektivromane waren noch nicht erfunden, und der radikalere Teil der Jugend las billige Witzblätter, stieg den Hausmeisterstöchtern nach und schlug im Vorbeigehen den Droschkengäulen klatschend auf die Schenkel.

Amerika war um diese Zeit noch nicht entdeckt. Wie sollte man Sport treiben? Ein Mann konnte sich noch so sehr ausziehen, er mußte den Bart anbehalten, der beim Laufen wie ein Feigenblatt der Seele protestierend im Wind flatterte. Je keuscher man den Körper hielt, desto kühner dachte man sich den Geist, der damals noch Seele hieß. Das Nebeneinander der zwei, die schwere Trapez-Balancier-Nummer des Menschen, wurde zu einem unerquicklichen Gegenüber, bei dem der Geist hoheitsvolle Fratzen schnitt und in angeblich lichte Höhen schnellte, was dem Körper ständigen Brechreiz verursachte. Er hielt sich dafür im Dunkeln schadlos. Gestalten, wie der Ritter Freystädtler, dessen Palais jahrzehntelang von nächtlichen Orgien (?) widerhallte, hielt die Phantasie eines ganzen Landes (Ungarn) im Bann.

Die Zeit hatte einen französischen Zug. Man nannte *dernier cri,* was heute *up to date* heißt. Doch das einzig Verständige, was man aus Paris bezog, waren die Gouvernanten, die dem Jüngling zu einem feineren Verständnis der Liebe verhalfen.

Der Mensch hat Freude am Spiel, und so findet er heraus, daß man sich gegen die Unbilden der Witterung und des Geschlechtes durch Kleidung schützen sollte. Schön ist auch ein Zylinderhut und Glasketten auf dem tätowierten Körper, darüber ein sinnloser Sonnenschirm. Doch die Bürgerlichen der neunziger Jahre hatten den Geschmack am Spiel verloren und somit den Geschmack schlechthin, gegen sogenanntes schlechtes Wetter schützten sie sich durch Zuhausebleiben, sie wußten daher mit ihrer Kleidung ebensowenig anzufangen wie mit ihrem Körper. Es entstand ein dunkles, faseriges Wesen, das den Sonnenschein floh, im Regen sich hüpfend vorwärtsbewegte, während es sich bei Wind bald entblätterte, wie eine vertrocknete Zwiebel. Wurde es durch ein freudiges Ereignis in erregten Gemütszustand versetzt, dann hob es langsam das Bein, schaute sich ängstlich nach allen Seiten um und machte eiligst zwei kleine Schritte vorwärts und rückwärts. So entstand die Polka.

Das Regenschirmtier dieser Zeit vermehrt sich durch Spaltung. Von ihm zum Idiosaurus einer kommenden Epoche führt der Weg über das fröhlich-harmlose Muskeltier von heute. Den Anstoß zu dieser Entwicklung gab die Feuerwehr von Debreczin, die im Jahre 1896 den ersten Preis bei den olympischen Spielen in Athen gewann. Die Infektion verbreitete sich im Land fast so rasch wie geistige Seuchen, und bald begannen die ersten Exemplare der Gattung schamlos Fußball zu spielen. Das Antlitz der Welt veränderte sich langsam.
Dann kam der Weltkrieg.

ANDRÉ MAUROIS

Sittlicher Wert des Sports

Es ist ein alter Satz, der viele moderne Engländer stutzig macht, daß die »Schlacht von Waterloo auf den Sportplätzen von Eton gewonnen wurde«. André Siegfried erklärt uns in seinem Buch über England, daß auf den gleichen Fußball- oder Kricketplätzen die Friedensschlacht verlorengehen könnte. Ich bin genau, wie er, der Ansicht, daß eine Jugend, die sich ausschließlich dem Sport widmet, auf das Leben nicht genügend vorbereitet ist, aber ich möchte den Satz dahin erweitern, daß der Sport eine unvergleichliche soziale und moralische Schulung ist, wenn der große Spieler zu gleicher Zeit ein kultivierter, intelligenter Mensch ist (es gibt berühmte Beispiele dafür). Ich möchte hier einige Züge näher beleuchten.

Ein Sport ist eine Angelegenheit, die willkürlichen Regeln unterliegt, und diese nimmt der Spieler freiwillig auf sich. Ein Tennisspieler, der auch nur etwas Anstand besitzt, wird einen richtigen Ball nicht für falsch erklären. Ein Golfspieler, der allein auf dem Golfplatz ist, geht nicht hin und legt seinen Ball näher an das Loch heran, um zu gewinnen und zu schwindeln. Diese Menschen unterwerfen sich selbst der Spielregel, weil ohne Spielregeln kein Spiel bestehen kann.

Wenn eine solche Gewohnheit durch eine lange Sporttätigkeit einem ganzen Volk durch mehrere Generationen auferlegt worden ist, dann vermag sie Bürger und Menschen von hohen Qualitäten zu bilden. Nach und nach wird die Achtung vor der Regel zur Achtung vor dem Gesetz. Ich entsinne mich der aufrichtigen Entrüstung der Engländer während des Krieges, wenn unsere Gegner eingegangene Konventionen verletzten. »Er spielt nicht ehrlich«, sagen sie von einem Menschen, der in der Liebe oder der Politik schwindelt. Die persönlichen Beziehungen werden dabei wunderbar zuverlässig. Die Zivilisation ist nichts weiter als die Annahme gemeinsamer Konventionen durch alle Menschen. Viele dieser Konventionen sind genauso willkürlich wie die Spielregeln beim Tennis oder Golf, aber da man durch sie die Handlungen seiner Mitmenschen im voraus berechnen kann, so setzen sie an Stelle von Furcht Höflichkeit und die Aktivität des Spiels an Stelle der Aktivität des Krieges.

Der Sport lehrt den Menschen nicht bloß die Achtung vor den Regeln, er lehrt ihn auch die Achtung vor dem Gegner und die Hinnahme seines Sieges. Denn das ist kein natürliches, angeborenes Gefühl. Ein Kind, das zum erstenmal spielt, wird böse, wenn es nicht gewinnt, es stampft mit dem Fuß und stürzt sich auf den, der es besiegt hat. Langsam nur lernt es, sich zu beherrschen. Die sportliche Erziehung ist erst an jenem Tag vollendet, an dem eine Mannschaft fähig ist, mit ihrer ganzen Energie um den Sieg zu kämpfen und trotzdem den Gegner herzlich zu beglückwünschen, wenn er nach einem loyalen Kampf Sieger geblieben ist. Die sportliche Erziehung des Publikums ist vollendet, wenn es auch gelernt hat, als nationale und lokale Mannschaft die guten Züge der Fremden anzuerkennen und zu beglückwünschen. Ich liebe es zum Beispiel, wenn man in internationalen Kämpfen die Nationalhymnen der im Kampfe stehenden Länder spielt und wenn an amerikanischen Universitäten am Schluß des Kampfes der Triumphgesang des Siegers von den Mitgliedern der besiegten Partei respektvoll angehört wird. Eine Masse, die unfähig ist, sich zu beherrschen, ist eine kriegerische Menge; sie ist genau das Gegenteil einer sportlichen Menge.

Und was auf die Massen zutrifft, trifft natürlich auch auf das Einzelwesen zu. Ein Spieler, der nicht mit Anstand verlieren kann, kann ein tüchtiger, aber nie ein großer Spieler sein. Und ich finde die Zeremonien ausgezeichnet, die den »Krieger« zwingen, sich in einen kultivierten Menschen zu verwandeln: der Händedruck der Tennisspieler nach dem letzten Ball, das freundschaftliche Diner der beiden Fußballmannschaften nach dem Spiel. Ein echter »sportsman« findet in der Niederlage den Mut, seine Fehler zu verstehen und von neuem mit dem Training zu beginnen; wer den Gegner, die Schiedsrichter oder die Götter beschimpft, ist kein Sportsmann und wird auch nie einer sein.

Schließlich – und das ist nach meiner Ansicht der größte Vorteil des Sports – lehrt er, individuellen Wert und gemeinsame Arbeit miteinander verbinden. Man betrachte bloß einen Fußballspieler. Selbstverständlich soll er schnell, geschickt, erfinderisch, mutig sein, und er muß, um ein guter Stürmer zu werden, seine individuellen Eigenschaften tunlichst entwickeln. Aber der kräftigste, mutigste, schnellste und gewandteste Spieler kann unter Umständen wertlos sein, wenn er nicht den Geist der Mannschaft besitzt. Beim Fußball kann ein Spieler, der nur für sich spielt, der sich nicht um die Anordnungen des

Führers kümmert, der, eifersüchtig auf seinen eigenen Ruhm bedacht, sich weigert, den Ball weiterzugeben, trotz seiner Vorzüge eher gefährlich als nützlich sein. Der große Spieler gibt sich ganz, so lange wie er der Mannschaft von Nutzen sein kann, er vergißt nie den Körper, von dem er nur eine Zelle ist, und sobald er sieht, daß ein anderer einen besseren Stand hat als er selbst, unterstützt er diesen neuen »Champion«, folgt ihm, und im Notfall ersetzt er ihn.

Diese Mischung, die die vollständige Einfügung und die restlose Ergebenheit des Individuums unter die Kollektivität bedeutet und die so schwer zu treffen ist, muß erstrebt werden, wenn unsere modernen Gesellschaften leben wollen. Diese modernen Gesellschaften sind zu vielseitig, als daß der Individualismus darin etwas anderes als ein Anachronismus sein könnte, und trotzdem können ihnen nur wirklich hochbegabte Einzelwesen von Nutzen sein. Sie sterben, weil es ihnen an großen Männern mit Gemeinschaftssinn mangelt. Der Sport ist eine Schule, in der solche Männer herangebildet werden können. Er lehrt die gleichen Tugenden wie der Krieg, ohne dabei wie dieser Grausamkeit und Haß zu wecken. Im Stadion werden nicht bloß die Schlachten des Friedens gewonnen, sondern das Volk lernt auch dort, mutig und ausdauernd zu sein, Bescheidenheit im Sieg und Festigkeit in der Niederlage zu zeigen.

»Siegt oder sterbt!«
Fußball-WM 1974, Zaires Staatspräsident Mobutu zu seinen
abreisenden Spielern

»Wir können nichts versprechen. Aber wenn wir am Samstag hinausgehen auf den Rasen, sind wir bereit zu sterben.«
Fußball-WM 1986, Rafael Amador, Fußballspieler, vor dem Spiel
Mexiko – Deutschland

FRANZ WERFEL
Fußball und Nationalismus

Gewiß haben die meisten unter Ihnen schon einem Fuß-
ballmatch beigewohnt. Es bietet jedenfalls einen höchst
lehrreichen Anblick. Eine Masse von sechzigtausend
Menschen Kopf an Kopf, zusammengeschmolzen zu
einem kreisrunden Untier. Dieses Untier starrt besessen
und ausbruchsbereit in die Arena hinab, wo die beiden
Mannschaften ihren Kampf ausfechten. Eine dieser
Mannschaften gehört dem Untier an, es vertritt die Sache
seiner Stadt oder seines Landes. Dies soll nur ein Spiel
sein!? So hören Sie doch dieses urweltliche Aufbrüllen,
dieses frenetische Siegesgeprassel, wenn einer der Uns-
rigen ein Goal schießt! Und wenn der Schiedsrichter
einen feindlichen Fehler ungestraft läßt, dieses nieder-
schmetternde Huuh, den Nebelhörnern von zwanzig
Ozeanriesen vergleichbar!! Haben die Anderen aber Erfolg, herrscht Totenstille, nur vom lauen Applaus einiger
Abtrünniger und Defaitisten unterbrochen. Keine Groß-
mut dem Feinde!

Bei jedem großen Länderwettspiel können Sie das
Wesen des Nationalismus in einer grandiosen Zusammen-
drängung erleben, ja, als Teilchen der Masse werden Sie
sich kaum selbst dem Siegesrausch entziehen dürfen. Der
Anblick des tobenden Tiers beweist uns, daß der Nationalismus nicht irgendeine erdachte Theorie ist, sondern ein
dunkelriesenhafter Affekt, in dem sich die kollektive
Eitelkeit, der gereizte Geltungswille der Masse selbst be-
friedigt. Demgegenüber ist das sogannte Klassengefühl des
Proletariats ein Dämon, der weit weniger tief sitzt, da die
Masse, welche er meint, mehr zweckhaft als blutmäßig
verbunden ist.

»Fußball ist Krieg in kurzen Hosen!« *Willi Schulz, Fußballspieler*

7. Februar 1934

Dr. Miller saß vor der offenen Tür ab, überließ sein Maultier dem *mozo* und betrat die Hütte.

Vom Bett her, wo er aufgestützt lag, sah Mark ihn eintreten – eine kleine, aufrechte, energisch ausschreitende Gestalt, die blauen Augen leuchtend von forschender Güte, die Mundwinkel belebt von Lachfalten.

»Und wie geht's allen Ihren kleinen Patienten heute abend?« Mark verzog sein blasses und noch immer abgezehrtes Gesicht zu einem wild sardonischen Lächeln.

Von dem Hocker, auf dem er neben dem Bett saß, warf Anthony einen Blick auf ihn und erinnerte sich, wie abgeklärt dieses Gesicht vor drei Wochen in dem morgendlichen Sonnenschein zwischen den Nadelbäumen ausgesehn hatte, wie friedlich heiter. Nun aber, da das Leben in Mark zurückgekehrt war, nun, da er sich auf dem Weg zu sicherer Genesung befand, war der Friede von ihm gewichen und hatte ihn als erbitterten Feind der ganzen Welt zurückgelassen. In seinen Augen war, sogar schon bevor er wieder kräftig genug war, um zu sprechen, Haß gewesen. Haß gegen jeden, der ihm nahekam, – vor allem gegen Dr. Miller.

»Ich kann sein ewiges heiteres Geblinzel nicht ausstehn«, hatte er dann später zu Anthony gesagt. »Niemand hat ein Recht, umherzugehn und auszusehn wie das Reklamebild für ein Abführmittel.«

Aber der wahre Grund von Marks Abneigung war ein andrer. Er haßte Miller, weil er von ihm abhängig war, haßte ihn wegen der unermüdlich wachsamen Tüchtigkeit der Pflege, die ihm der Mann widmete. Armer Mark! Wie sehr er darunter litt, Dienste annehmen zu müssen, und noch mehr darunter, durch seine körperliche Schwäche gezwungen zu sein, sie zu erbitten. Wie heftig er sogar Zuneigung übelnahm, wenn sie ihm von jemand entgegengebracht wurde, dem er sich nicht überlegen fühlen konnte! Seine Abneigung gegen den Arzt war vom ersten Augenblick an, als er das Bewußtsein wiedererlangte, vorhanden gewesen und mit jedem Tag gewachsen, den der alte Mann seine Abreise verzögerte, um ihn zu pflegen.

»Aber warum setzen Sie Ihre Reise nicht fort?« hatte er gefragt; und als der Arzt antwortete, er habe keine Eile und beabsichtige, ihn heil und sicher zur Küste hinunterzubringen und, da er selbst abreise, auch durch den Panamakanal heim nach England, hatte er heftig widersprochen und beteuert, daß sein Bein so gut wie geheilt sei, daß es gar nicht schwierig sein werde, nach Puerto San Felipe zurückzukehren und daß er selbst wahrscheinlich das nordwärts gehende Schiff nach Los Angeles nehmen werde.

Dr. Miller brach das unbehagliche Schweigen mit der Bemerkung, daß es in den höhergelegenen Tälern viel Kropf gebe.

»Das hat seinen Reiz«, sagte Mark und streichelte eine imaginäre Ausbuchtung seines Halses. »Mir ist so leid um diese Kretins, die man in der Schweiz zu sehen pflegte, als ich noch ein Kind war! Sie sind aus dem Dasein hinausjodiert worden, fürchte ich. Die Welt ist heutzutage viel zu sanitär.« Er schüttelte den Kopf und lächelte anatomisch. »Was tun die dort oben in den Hochtälern?« fragte er dann.

»Mais bauen«, antwortete der Arzt, »und in den Pausen einander umbringen. Über diese ganzen Berge zieht sich ein riesiges Netzwerk von Blutrache. Jedermann ist darein verstrickt. Ich habe mit den führenden Männern gesprochen und sie zu überreden versucht, alle die alten Schuldkonti aufzulösen und von neuem zu beginnen.«

»Da werden sie vor Langeweile sterben.«

»Nein, ich bringe ihnen statt dessen das Fußballspielen bei. Wettspiele zwischen den Dörfern.« Er lächelte. »Ich habe ziemlich viel Erfahrungen mit Blutrache gesammelt«, fügte er hinzu. »In der ganzen Welt. Kein Mensch mag sie in Wirklichkeit. Alle sind sie nur zu froh, fußballspielen zu können, wenn sie sich einmal daran gewöhnt haben.«

»Du lieber Gott!«

»Warum ›du lieber Gott‹?«

»Sport und Spiel! Können wir denen denn nie entfliehen?«

»Aber die sind der größte Beitrag Englands zur Zivilisation«, sagte der Arzt. »Viel wichtiger als parlamentarisches Regieren oder Dampfmaschinen oder Newtons ›Principia‹. Sogar noch bedeutungsvoller als englische Dichtung. Dichtung kann nie ein Ersatz für Krieg und Mord sein. Aber Sport und Spiel können es sein. Ein völliger und echter Ersatz.«

»Ersatz!« echote Mark verachtungsvoll. »Ihr gebt euch alle mit Ersatz zufrieden. Anthony findet den seinen im Bett oder im Lesesaal des Britischen Museums. Sie suchen den Ihren auf dem Fußballplatz. Gott helfe euch! Warum fürchtet ihr euch so sehr vor der echten Ware?«

Eine kleine Weile sprach niemand. Dr. Miller sah Anthony an, und als er merkte, daß der nicht die Absicht hatte zu antworten, wandte er sich wieder dem andern zu. »Es handelt sich nicht ums Sichfürchten, Mark Staithes«, sagte er sehr sanft. »Es handelt sich darum, etwas Richtiges zu wählen statt etwas Unrichtigem …«

»Ich bin argwöhnisch gegen jede richtige Wahl, zu der man zufällig weniger Mut braucht als zur unrichtigen.«

»Ist Gefahr Ihr Maßstab für das Gute?«

Mark zuckte die Achseln. »Was ist das Gute? Schwer zu wissen in den meisten Fällen. Aber wenigstens kann man sicher sein, daß es gut ist, Gefahren mutig gegenüberzutreten.«

»Und das rechtfertigt Sie, absichtlich gefährliche Situationen zu schaffen – auf andrer Leute Kosten?« Dr. Miller schüttelte den Kopf. »Das taugt nichts, Mark Staithes. Wenn Sie schon Mut aufbringen wollen, warum nicht für eine gute Sache?«

»Wie zum Beispiel Schwarzen und Rothäuten das Fußballspielen beizubringen«, höhnte Mark.

»Was oft nicht so leicht ist, wie es klingt.«

»Die können wahrscheinlich die Abseits-Regel nicht begreifen, wie?«

»Sie wollen überhaupt keine Regel begreifen, außer der einen, die Leute aus dem Nachbardorf umzubringen. Und wenn man sich zwischen zwei bis an die Zähne bewaffneten Elfermannschaften befindet, die darauf aus sind, einander abzuschlachten…« Er hielt inne; sein breiter Mund zuckte in einem Lächeln. Die kaum sichtbaren Hieroglyphen um seine Augen vertieften sich, als er die Lider zusammenkniff, zu offenkundigen Symbolen einer stillen Belustigung. »Na, wie ich sagte, es ist nicht ganz so leicht, wie es klingt. Haben Sie sich jemals einer Schar zorniger Männer gegenüber befunden, die Ihnen ans Leben wollten?«

FRITZ POPP

Frontberichterstattung aus dem Stadion

»Ein Schuß
und
toot,
toot,
toot!«

Preußen gegen Bayern

Y. Gib mir eine Zigarette und lies mir etwas aus der Zeitung vor – vielleicht steht da etwas Interessantes drin. Du hast's ja nicht geschrieben – vielleicht hat unser Diener etwas rot angestrichen

Z. (liest). Die Preußen griffen mit voller Wucht an. Es entspann sich ein erbittertes Ringen, bis nach fünfzehn Minuten der rechte Flügel der Bayern durchbrach und sich mit Vehemenz auf die überraschten Preußen stürzte –

Y. O Gott! Wie furchtbar!

Z. Die Preußen hatten mit ihren Schüssen Pech. Es waren fast immer Fehlschläge. Fünf Minuten vor drei kam es zum Handgemenge – ein wüster Knäuel von Leibern wälzte sich am Boden. Blut spritzte –

Y. Entsetzlich dieser ewige Krieg zwischen Bayern und Preußen –

Z. Krieg? Krieg? Wer redet denn von Krieg? Hör' doch richtig zu und sperr' die Ohren auf. Ich lese dir doch von dem großen Fußballwettkampf Preußen gegen Bayern –

»Dieses wilde Tier, das der deutsche Fußball ist, verdiente an diesem Abend, im eigenen Urin ertränkt zu werden.«
›Libération‹ nach der 0:1-Niederlage Deutschlands gegen Spanien bei der EM 1984

»Chemie – das ist kein Fußball; Chemie – das ist Klassenkampf!«
Chemie-Leipzig-Fan in einer Diskussion über die Geschichte seines Vereins 1994

UMBERTO ECO

Die Fußball-WM und ihr Staat[1]

Viele mißtrauische und boshafte Leser werden, wenn sie
mich hier so distanziert und naserümpfend und (sagen
wir's ruhig) angewidert über das edle Spiel des Fußballs
herziehen sehen, den platten Verdacht haben, daß ich den
Fußball nicht liebe, weil der Fußball nie mich geliebt hat,
mich als einen, der schon im zarten Kindesalter zu jener
Sorte von Stieseln gehörte, die, kaum daß sie den Ball
berühren – vorausgesetzt, sie gelangen soweit –, ihn stante
pede ins eigene Tor expedieren oder im günstigsten Falle
dem Gegner zuspielen, wenn sie ihn nicht mit zäher Be-
harrlichkeit über Hecken und Zäune hinaus ins Gelände
schießen, wo er in Kellerlöchern verschwindet, in Bächen
davonschwimmt oder zwischen den klebrigen Köstlich-
keiten des Eisverkäufers versinkt – so daß die Kameraden
sie wegschicken und nicht einmal in den leichtesten
Kämpfen mitspielen lassen. Nie ist ein Verdacht der Wahrheit näher gekommen.

Ich bekenne noch mehr. Bemüht, mich so wie die anderen zu fühlen (vergleichbar einem kleinen terrorisier-
ten Homosexuellen, der sich immerzu einredet, daß ihm
die Mädchen gefallen »müssen«), bat ich des öfteren meinen Vater, einen gemäßigten, aber beständigen Fußball-
fan, mich ins Stadion mitzunehmen. Und eines Tages, die-
weil ich verwundert die unsinnigen Bewegungen auf dem
Spielfeld verfolgte, ward mir auf einmal ganz sonderbar
ums Gemüt, und mir schien, als tauchte die hohe Mit-
tagssonne Menschen und Dinge jäh in ein gleißendes
Licht, das alles erstarren ließ, dergestalt, daß sich vor mei-

1 Dieser Artikel wurde für die Fußball-WM 1978 geschrieben.
Mit einigen Variationen und ein paar Trikoloren mehr gilt er auch
für die WM 1982 (und vermutlich auch für die nächste). Das
Schöne am Fußball ist, daß er sich nie verändert.

nen Augen ein sinnloses Welttheater entspann. Es war dasselbe Gefühl, das ich später, als ich Ottiero Ottieri las, als das Gefühl der »alltäglichen Irrealität« entdecken sollte, doch damals war ich erst dreizehn und interpretierte es mir auf meine Weise: Zum erstenmal zweifelte ich an der Existenz Gottes und hielt die Welt für eine Fiktion ohne Zweck und Ziel.

Verstört begab ich mich, kaum aus dem Stadion getreten, zur Beichte bei einem wissenden Kapuziner, der mir kopfschüttelnd zu verstehen gab, daß meine Idee recht sonderbar sei, denn an Gott hätten, ohne zu schwanken, immerhin so vertrauenswürdige Leute wie Dante, Newton, Manzoni, Gioberti und Fantappié geglaubt. Verwirrt durch solchen Konsens der Großen verschob ich meine Glaubenskrise um rund ein Jahrzehnt – doch seither, ich kann es nicht leugnen, hat sich Fußball für mich stets mit der Abwesenheit von Zweck und Ziel verbunden, mit der Vanitas allen Strebens und mit dem Gedanken, daß Gott nichts anderes sein (oder nichtsein) kann als ein Nichts. Und darum habe ich (wohl als einziger unter den Lebenden) Fußball stets mit den negativen Philosophien assoziiert.

Dies festgestellt, bliebe zu fragen, warum dann gerade ich hier über die Fußball-Weltmeisterschaft schreibe. Ganz einfach: weil die Redaktionsleitung des *Espresso* in einem Anfall von metaphysischem Taumel darauf bestand, daß über dieses Ereignis aus einer absolut sachfremden, ganz und gar äußerlichen Perspektive geschrieben werde. Und so verfiel sie auf mich. Nie gab es eine bessere und überlegtere Wahl.

Nun muß ich jedoch betonen, daß ich keineswegs gegen die Fußball-Leidenschaft bin. Im Gegenteil, ich begrüße sie und halte sie für einen Segen. Jene verzückten Massen, die sich allwöchentlich brüllend im Stadion drängen, übereinander herfallen oder vom Schlag getroffen zusammenbrechen, jene wackeren Schiedsrichter, die sich für einen Sonntag Berühmtheit wüsten Beschimpfungen aussetzen, jene von weither angereisten und zu Recht so genannten Schlachtenbummler, die blutend aus ihren Bussen quellen, verletzt von zerschlagenen Schaufenster-scheiben und Schlägereien, jene grölenden Fans, die abends sieges- und biertrunken durch die Straßen karriolen, ihre Clubfahnen aus den Fenstern des überladenen Fiat 500 schwenkend, bis sie an einem Lastzug zerschellen, jene hochgezüchteten Recken, seelisch zerrüttet durch peinvolle sexuelle Abstinenzen, jene zerstörten Familien, wirtschaftlich ruiniert durch Kartenkäufe zu irrsinnig überzogenen Schwarzmarktpreisen, jene Enthusiasten, die sich mit ihren eigenen Knallfröschen blenden, sie alle erfüllen mein Herz mit Freude. Ich bin für die Fußball-Leidenschaft, wie ich für Autorennen bin, für Mopedrennen am Rande von Abgründen, für das fanatische Fallschirmspringen, den mystischen Alpinismus, die Überquerung der Ozeane auf Gummibooten, das russische Roulette und die Droge. Rennen meliorieren die Rassen, und all diese Spiele führen glücklicherweise zum Tod der Besten, so daß die Menschheit hernach in Ruhe weiter ihren Geschicken nachgehen kann mit normalen, durchschnittlich entwickelten Protagonisten. In gewissem Sinne würde ich jenen Futuristen zustimmen, die einst den Krieg als die einzige wahre Hygiene der Welt bezeichneten – lediglich mit einer kleinen Korrektur: Er wäre es, wenn er sich nur mit Freiwilligen führen ließe. Unglücklicherweise zieht er jedoch auch die Widerstrebenden mit hinein, und deshalb ist er den Sportspektakeln moralisch unterlegen.

Wohlgemerkt, ich spreche von Sportspektakeln und nicht vom Sport. Der Sport, verstanden als eine Tätigkeit, in der einer ohne Gewinnstreben und durch unmittelbaren Einsatz des eigenen Körpers physische Exerzitien betreibt, die seine Muskeln üben, sein Blut zirkulieren und seine Lungen voll durchatmen lassen, der Sport, sage ich, ist eine sehr schöne Sache, zumindest so schön wie der Sex, die philosophische Reflexion und das Glücksspiel mit Erbsen als Einsatz.

Doch der als Spektakel organisierte Fußball hat nichts

mit einem so verstandenen Sport zu tun. Nicht für die Spieler, die als Profis einem Leistungsdruck unterliegen, der kaum geringer ist als der eines Fließbandarbeiters (abgesehen von ein paar kleinen Einkommensunterschieden), nicht für die Zuschauer – also die große Mehrheit –, die sich exakt so verhalten wie Horden geiler Voyeure, die regelmäßig zugucken gehen (nicht bloß einmal im Leben in Amsterdam, sondern jedes Wochenende), wie Paare sich paaren oder so tun als ob (oder wie jene ärmsten Kinder in meiner Jugend, denen man versprach, sie sonntagnachmittags mitzunehmen zum Zugucken, wie die Reichen Eis löffeln). Nach diesen Prämissen wird man verstehen, wieso ich mich zur Zeit so entspannt fühle. Neurotisiert wie jeder von schlimmen Ereignissen der vergangenen Monate, nach einem dramatischen Halbjahr, in dem man viele Zeitungen lesen und dauernd am Fernseher hocken mußte im Warten auf das neueste Kommuniqué der Roten Brigaden oder die Verheißung einer Eskalation des Terrors, kann ich in diesen Wochen, seit »König Fußball regiert«, getrost aufs Zeitunglesen und Fernsehgucken verzichten, es genügt ein rasches Überfliegen der achten Seite nach Meldungen über den Prozeß in Turin, die Lockheed-Affäre und das Referendum, der Rest ist voll von jenen Dingen, über die ich nichts wissen will – und die Terroristen, die den Sinn für die Massenmedien hochentwickelt haben, wissen das ganz genau und versuchen gar nicht erst, irgendwas Interessantes zu unternehmen, es würde doch nur zwischen »Vermischtem« und »Ratschlägen für die Küche« landen.

Man braucht sich auch nicht zu fragen, warum die WM in so krankhafter Weise das Interesse des Publikums und die Andacht der Massenmedien auf sich zieht: Von der bekannten Geschichte der Komödie des Terentius, der die Zuschauer wegliefen, weil es das Schauspiel mit den Bären gab, über die scharfsinnigen Betrachtungen römischer Imperatoren zur Nützlichkeit der Circenses bis hin zum gezielten Gebrauch, den seit jeher die Diktaturen (einschließlich der argentinischen) von den großen Wettkampfereignissen machen, ist es dermaßen klar und offenkundig, daß die Mehrheit sich lieber mit Fußball und Radrennen als mit der Abtreibungsfrage befaßt und lieber mit Bartali als mit Togliatti, daß es die Mühe nicht lohnt, sich darüber noch groß Gedanken zu machen. Doch da ich nun einmal durch äußeren Anstoß dazu gebracht worden bin, ein bißchen darüber nachzudenken, sei ein Gedanke denn hier geäußert: Nie hat die öffentliche Meinung, besonders in Italien, eine schöne Weltmeisterschaft so dringend gebraucht wie gerade jetzt.

Tatsächlich ist ja, wie ich vor Jahren schon einmal zu bemerken Gelegenheit hatte, die Sportdiskussion (ich meine das Sportspektakel, das Reden über das Sportspektakel, das Reden über die Journalisten, die über das Sportspektakel reden) der bequemste Ersatz für die politische Diskussion. Anstatt sich ein Urteil über die Operation des Finanzministers zu bilden (wozu man etwas von Wirtschaft und anderem mehr verstehen müßte), diskutiert man über die Operation des Trainers; anstatt die Operation des Abgeordneten Soundso zu kritisieren, kritisiert man die Operation des Spielers Soundso; anstatt sich zu fragen (eine schwierige und obskure Frage), ob Minister X obskure Pakte mit der Macht Y unterschrieben hat, fragt man sich, ob das WM-Finale durch Zufall oder durch spielerisches Können oder durch diplomatische Alchimien zustande kommt. Das Reden über den Fußball verlangt eine sicher nicht vage, aber alles in allem begrenzte, genau umrissene Kompetenz; es erlaubt Stellungnahmen, Meinungsäußerungen, Lösungsvorschläge, ohne daß man sich der Verhaftung, dem Radikalenerlaß[2] oder jedenfalls dem Verdacht aussetzt. Es verlangt nicht, daß man sich überlegt, wie man persönlich eingreift, da man ja über etwas spricht, das weit außerhalb des eigenen Machtbereichs abläuft. Mit einem Wort, es erlaubt, Politik zu spielen: Politik als Führung der Causa Publica ohne all die Beschwernisse, all die Pflichten, all die schwierigen Fragen

2 Im Original deutsch.

der politischen Diskussion. Es ist für erwachsene Männer so etwas wie das Hausfrau-Spielen für kleine Mädchen: ein pädagogisches Spiel, das lehrt, den eigenen Platz in der Gesellschaft zu finden.

Betrachten wir uns doch einmal selber, wir als kritische Italiener in einem Moment wie diesem, in dem die Beschäftigung mit der Causa Publica (der wahren) so traumatisch ist? Angesichts einer Entscheidung wie der »zwischen Italien und Argentinien« sind wir allesamt Argentinier, nicht wahr, und jene paar nervtötenden Argentinier, die uns immer noch daran erinnern, daß dort unten alle naselang jemand verschwindet, sollen bitte schön endlich aufhören, uns die Freude an dieser hehren Darbietung zu vermiesen. Wir haben ihnen vorher zugehört, und das höflich, also was verlangen sie noch? Mit einem Wort, diese ganze Fußball-WM ist für uns wie der Parmesan auf den Makkaroni. Endlich mal was, das nichts mit den Roten Brigaden zu tun hat!

Apropos welcher bekanntlich, wie der nicht gänzlich zerstreute Leser weiß, zwei Hypothesen in Umlauf sind (wobei ich nur die extremen erwähne, die Wirklichkeit ist immer ein wenig komplexer). Nach der ersten sind sie eine Gruppe, die von der Macht ferngesteuert wird, womöglich aus dem Ausland. Nach der zweiten sind sie »Genossen, die falsch liegen«, die sich in höchst verwerflicher Weise aufführen, aber alles in allem aus noblen Motiven (Kampf für eine bessere Welt). Wenn nun die erste Hypothese stimmt, gehören die Roten Brigaden und die Organisatoren der Fußball-WM zur selben Artikulation der Macht: Die einen destabilisieren im geeigneten Augenblick, die anderen restabilisieren zur rechten Zeit. Das Publikum ist gehalten, dem Spiel Italien – Argentinien zu folgen, als wär's das Match zwischen Curcio und Andreotti,[3] womöglich mit Totowetten auf die nächsten Attentate. Wenn dagegen die zweite Hypothese stimmt,

3 Renato Curcio: Gründer der Roten Brigaden; Giulio Andreotti: zur Zeit der Abfassung dieses Artikels Regierungschef.

sind die Roten Brigaden Genossen, die wirklich *sehr* falsch liegen. Denn sie bemühen sich mit soviel gutem Willen, Politiker zu ermorden und Montagebänder zu sprengen, und dabei ist die Macht leider gar nicht so sehr in den Chefetagen zu finden, sie steckt vielmehr in der Fähigkeit der Gesellschaft, Spannungen immer gleich wieder auf andere Pole umzuleiten, die der Seele der Massen viel näher sind. Ist der bewaffnete Kampf am Sonntag des Endspiels möglich?

Vielleicht müßte man weniger allgemeine politische Diskussionen führen und statt dessen mehr Soziologie der Circenses betreiben. Auch weil es Circenses gibt, die nicht auf den ersten Blick als solche erscheinen: zum Beispiel gewisse Zusammenstöße zwischen Polizei und »gegensätzlichen Extremisten«, die in manchen Zeiten immer nur samstags stattfinden, nachmittags zwischen fünf und sieben. Sollte Videla etwa Agenten in die italienische Gesellschaft eingeschleust haben?

»Gott ist rund.«   *Armando Nogueira, Publizist*

»Ein Spitzenspiel kommt heute einer Theaterpremiere gleich.«
Bernhard Ließ, Oberbürgermeister von Braunschweig, als Eintracht Braunschweig Deutscher Meister geworden war

»Kein Drama der Welt kann so übersichtlich sein wie ein Fußballspiel.«   *Marcel Reich-Ranicki, Literaturkritiker*

»Im Spiel- und Kampfsport steckt das Rudiment der Weigerung, erwachsen zu werden.«   *Hellmuth Karasek, Literaturkritiker*

»Ich weiß: es gibt keinen schönsten Sport. Fußball ist aber die Ausnahme.«   *Werner Schneyder, Kabarettist*

»Sinnloser als Fußball ist nur noch eins: Nachdenken über Fußball.«   *Martin Walser, Schriftsteller*

Turnermarsch
(Melodie: Leise flehen meine Lieder)

Schlagt die Pauken und Trompeten,
Turner in die Bahn!
Turnersprache laßt uns reden.
Vivat Vater Felix Dahn!
Laßt uns im Gleichschritt aufmarschieren
Ein stolzes Regiment.
Laß die Fanfaren tremulieren!
Faltet die Fahnen ent!

Die harte Brust dem Wetter darzubieten
Reißt die germanische Lodenjoppe auf!
Kommet zu Hauf!
Wir wollen uns im friedlichen Wettkampf üben.

Braust drei Hepp-hepps und drei Hurras
Um die deutschen Eichenbäume!
Trinkt auf das Wohl der deutschen Frauen ein Glas,
Daß es das ganze Vaterland durchschäume.
Heil! Umschlingt euch mit Herz und Hand,
Ihr Brüder aus Nord-, Süd- und Mitteldeutschland!
Daß einst um eure Urne
Eine gleiche Generation turne.

»Noch sind wir zu retten, aber nur durch uns selbst. Gehen, Laufen, Springen, Werfen und Tragen sind kostenfreie Übungen, überall anwendbar, umsonst wie Luft. Diese kann der Staat von jedem verlangen, von Armen, von Mittelbegüterten und Reichen: Denn jeder hat sie nötig.«
Friedrich Ludwig Jahn nach der Niederlage der preußischen Armee bei Jena 1806

JOACHIM RINGELNATZ

Am Barren
(Alla donna tedesca)

Deutsche Frau, dich ruft der Barrn,
Denn dies trauliche Geländer
Fördert nicht nur Hirn und Harn,
Sondern auch die Muskelbänder,
Unterleib und Oberlippe.
Sollst, das Hüftgelenk zu stählen,
Dich im Knickstütz ihm vermählen.
Deutsches Weib, komm: Kippe, Kippe!

Deutsche Frau, nun laß dich wieder
Ellengriffs im Schwimmhang nieder.
So, nun Hackenschluß! Und schwinge!
Schwinge! Hurtig rum den Leib!
O, es gibt noch wundervolle
Dinge. Rolle vorwärts! Rolle!
Rolle rückwärts, deutsches Weib.

Deutsche Jungfrau, weg das Armband!
In die Hose! Aus dem Rocke!
Aus dem Streckstütz in den Armstand,
Nun die Flanke. Sehr gut! Danke!
Deutsches Mädchen, Hocke, Hocke!

Mußt dich keck emanzipieren
Und mit kindlichem »Ätsch-Ätsche«
Über Männer triumphieren,
Mußt wie Bombe und Kartätsche
Deine Kräfte demonstrieren.
Deutsches Mädchen – Grätsche! Grätsche!

BOTHO STRAUSS
Die Joggerin

Ein Mädchen in weißer Leinenhose, die weit und pumpig
an den Beinen ist, eng und durchschimmernd aber um die
Hüfte, so daß die hervortretenden Borten des Slips und
der Schatten des Geschlechts wohl zum Dessin gehören,
kommt keuchend mit einem Springseil in der Hand die
Kellertreppe herauf, vom Fitting um zehn Uhr abends.
Kein Blick, kein Gruß, kein Zögern, nur dieser schweißige
Hauch der ertüchtigten Gliedmaßen, nur der eilige Aufstieg eines ebenso biestigen wie duldsamen, eines so
geschäftigen wie gleichgültigen, so unberührbaren wie
verbrauchsintensiven Narzißmus; dies mit fleischlichem
Schmuck versehene Trainingsgerät, dies verkörperte Des-
interesse, diese Wiederaufbereitungsanlage einer sterilen
Anmut, dies Markenerzeugnis aus unseren Jahrzehnten
der Verwöhnung, dieser schicke, allgegenwärtige Typ der
sportlich Teilnahmslosen – ist das die Frau, die wir angeblich zum Objekt unserer Gelüste erniedrigen wollen?
    Ja, wenn *Sex* töten könnte! Wenn er zumindest verwir-
ren, verschandeln, entstellen, unbrauchbar machen
könnte, was so kläglich angepaßt und ins Leere gesittet ist,
und wenn er das trainierte Herz zum Auslaufen brächte …
Aber bliebe nicht jeder Körperhandel mit ihr unaus-
weichlich ein Akt der Selbstertüchtigung eben jenes
Modells, das man töten wollte?

»Vier Dinge sollen die Damen halten lernen: Stock, Spur, Ab-
stand und den Mund.«
Ratschlag von Matthias Zdarsky 1915 in der Zeitschrift
›Schnee‹ zum Verhalten von Frauen auf der Piste

»Ich brauche keinen Butler – ich habe eine junge Frau.«
                                        Thomas Doll, Fußballspieler

Joggen

Der Wecker klingelte unbarmherzig. Ich öffnete vorsichtig ein Auge. Die Sonne blendete mich. Rasch schloß ich es wieder. Ich wollte keine Ohren mehr haben. Ich wollte taub sein. Ich haßte Wecker. Ich haßte Licht. Noch mehr haßte ich das Aufstehen. Elisabeth besorgte es für mich. Sie riß mir brutal die Decke vom Körper, zog mir den geliebten Polster unter der Nase weg, packte mich stählern am linken Arm und warf mich aus dem weichen, warmen Bett. Hart fiel ich auf den Bauch. Meine Nase bohrte sich in den Teppich. Er roch nach Fußpilz. Ich liebte Elisabeth. Sie hatte so eine erfrischende Art, die Dinge anzupacken.

Sie war einundzwanzig Jahre jung, einen Meter sechsundsiebzig groß, frisch, fromm, fröhlich, frei, blauäugig, hatte blondes, wallendes Haar, wunderbar weiße Zähne und ging in ihrem Beruf als Turnlehrerin auf.

Ich war siebenundvierzig Jahre alt, einen Meter sechsundsechzig klein, pummelig, braunäugig, hatte eine Halbglatze, die leicht einen Sonnenbrand bekam, von Karies befallene Zähne und haßte es, Portier zu sein.

Elisabeth griff mir unter die Achseln. Ich kicherte, denn ich war kitzlig. Sie zerrte mich ins Badezimmer und riß mir den Pyjama vom Leib. Meine zarte, rosa Haut rieb sie mit einem harten Schwamm ab. Das förderte unheimlich die Durchblutung. Es schmerzte aber auch. Jedoch stieg meine Lebenserwartung dadurch. Ich wollte sterben.

Elisabeth stieß mich in die Duschkabine und drehte erbarmungslos den Kaltwasserhahn auf. Der Schock der Geburt wiederholte sich jeden Morgen. Aus der Wärme in die Kälte. Aus der Karibik an den Nordpol. Aus der guten in die böse Welt. Aus der Traum, ab in die Wirklichkeit.

Elisabeth verfrachtete mich in einen Jogginganzug aus Jute. Er kratzte sehr. Ich hatte somit siebzehn Kindern aus

Bangladesch das Überleben für ein volles Jahr gesichert. Ich fühlte mich sofort besser.

Zum Frühstück gab es fünf verschiedene Getreidesorten mit gewässerter Milch, eine ganze Karotte und einen halben wurmigen Apfel. Elisabeth sorgte für mich. Ich sollte nicht hungern, aber auch abnehmen. Sie hatte einen Speise-, einen Fitneß-, einen Schlaf- und einen Freizeitplan für micht erstellt. Sogar die Länge des Kloaufenthaltes war vorgegeben. Er zählte zur Freizeit.

Mein Bauch knurrte. Ich fühlte mich elend. Ich dachte an Schweinsbraten, an Bier, an Torten. Es lebe das gesunde Leben! Ich hätte auf Mutter hören sollen, sie hatte mich gewarnt.

»Liebes«, hauchte ich entkräftet.

»Hast du deine Vitaminkapseln schon genommen, Anton?« bohrte Elisabeth. Sie massierte mich gerade. Ich sollte gelenkig werden für den bevorstehenden Geländelauf.

»Natürlich, Liebes, ich könnte ohne sie gar nicht mehr leben.« Die Fische im Aquarium hatten gierig nach ihnen geschnappt.

»Schwindelst du auch nicht, Anton?« fragte sie streng. Sie renkte mir gerade den linken Arm aus.

»Liebes, was ich fragen wollte war, ist heute nicht Sonntag?« Elisabeth zog gerade an meinem rechten Bein. Das war die Streckbankübung. Manchmal glaubte ich, daß ich nur das praktische Versuchskaninchen für ihr Buch »Rank und schlank in vierzehn Tagen« war. Ich glaubte allerdings auch, daß mir vollkommen die körperlichen Voraussetzungen fehlten, geschweige denn die Motivation.

»Mein Gott, bist du noch fett«, meinte Elisabeth, »ist ja direkt eklig!« Sie schlug mit der Faust gegen meinen Bauch. Er knurrte auf. Schreien konnte er nicht. Ich hatte zuwenig Luft dazu. Sie war mir schon längst abhanden gekommen.

»Tut gut, nicht wahr?« meinte Elisabeth. Sie kümmerte sich immer so rührend um mich.

»Natürlich, Liebes, ich wüßte nicht, was ich ohne dich machen sollte.«

Sie lächelte. Sie knetete meinen Bauch durch. Ich war so lieb und treu wie ein Hund. Das Bellen würde sie mir auch noch beibringen, vom Apportieren ganz zu schweigen.

»Meine Mutter hat immer gesagt, am Sonntag soll man rasten, erst am Montag soll man fasten.«

Elisabeth wuchtete mich auf den Bauch. Meinem Rücken verabreichte sie harte, ansatzlose Handkantenschläge.

»Wir müssen die Ration kürzen. Du bist wirklich noch zu fett!«

Sie schlug mir abschließend auf die Schulter, stieß mich von der Liegebank und trieb mich vor sich her.

»Wir joggen nun. Der Plan muß eingehalten werden!«

Ich hatte Elisabeth vor drei Monaten kennengelernt. Ich wohnte damals noch bei meiner Mutter. Sie kochte übrigens herrlich. Auf dem Weg vom Arbeitsplatz nach Hause mußte ich immer durch den Stadtpark. Dort sah ich Elisabeth joggen. So sahen wir uns ein Jahr lang, ohne ein Wort zu wechseln. Sie joggte, und ich freute mich auf mein Essen, das meine Mutter liebevoll zubereitete. Ich war zufrieden. Ich liebte die Mahlzeiten, ich frönte dem Schlaf, ich träumte mich durch die Arbeit, ich liebte das Leben. Ich war glücklich.

Bis zu dem unglückseligen Tag, an dem ich auf der verhängnisvollen Bananenschale im Park ausrutschte, mit dem Kopf auf dem Kopfsteinpflaster aufschlug und einen stechenden Schmerz im rechten Bein fühlte. Elisabeth joggte flugs zu mir her, stellte mit kundigem Blick den Bruch des Beines fest und joggte geschwind nach einem Arzt. Sie besuchte mich dann regelmäßig im Spital. Sie brachte mir die herrlichsten Speisen. Sie erzählte mir, wie gern und gut sie putze, wie gut und gern sie stricke, wie gern und gut sie koche. Ich fiel auf sie rein. Wir heirateten. Mutter hatte mich gewarnt.

Ich trottete keuchend hinter Elisabeth her. Sie lief lachend vor mir.

»Beeil dich, Anton! Eins! Zwei! Eins! Zwei!«

Wir joggten durch den Stadtwald. Hier hatte es begonnen. Hier sollte es enden. Ich nahm einen schweren Stein, rannte mit letzter Kraft zu ihr und schlug ihr den Schädel ein. Es knirschte, als die Schädeldecke brach. Sie fiel der Länge nach auf dem Boden nieder. Ich schlug noch zweimal kräftig zu. Ich wollte sichergehen. Danach zerrte ich Elisabeth keuchend, aber beruhigt in das Unterholz.

Ich ging nach Hause, duschte, zog meinen besten Anzug an.

Ich nahm meine Zahnbürste und besuchte das vorzüglichste Restaurant der Stadt. Die Vorspeise bestand aus Blunzenparfait, Kaninchenterrine mit einem Tropfen Kernöl und orange parfait. Dann probierte ich hausgemachte Spaghetti mit fast noch rohem Lachs und knackigen grünen Schoten.

Als ich gerade die Fleischknödelsuppe kostete, kam die Kriminalpolizei. Ich lud sie ein. Während des Verzehrs des frischen Lachstatars unter einer geschmeidigen Räucherlachshülle – ich liebe Lachs –, die dem Hauptkommissar übrigens auch sehr mundete, erzählte ich ihnen mein Unheil.

Der Zander in der charmanten Begleitung frischer Austern und eines duftigen Petersilpurées war eine Klasse für sich.

Der Sommelier kannte sich ebenfalls in seinem kühlen Keller aus. Und als Höhepunkt erschien eine extrareich gegarte Wildente im eigenen Saft. Ich war so entzückt, daß ich sofort den Mord gestand. Ich war glücklich. Die Polizisten waren glücklich. Sie wurden nur blaß, als sie herausfanden, daß ich die Rechnung nicht begleichen konnte. Ich bekannte mich schuldig. Ich zeigte keine Reue. Ich verheimlichte nichts. Mein junger Pflichtverteidiger bekam Wein- und Schreikrämpfe. Der Richter war ein verständiger Mann. Er brummte mir Lebenslänglich auf. Ich nahm das Urteil sofort an.

Mutter kommt nun jeden Tag und bringt mir einen Freßkorb ins Gefängnis. Die Wärter sind nett. Das Einzelzimmer ist nicht zu klein, das Bett weich. Ich habe schon wieder zehn Kilogramm zugenommen.

VI Sport ist Theater

»Am Zustandekommen dieses K.o. waren folgende Firmen beteiligt …«

Gladiatoren

Obwohl über jede Berliner Premiere die Spalten der Tagespresse von hinten bis vorn gefüllt sind, sind die Theater leer. –

Nur die Pelzmäntelorgie des Herrn Max Reinhardt in der Komödie und die Revuen haben, dank der Kritik, volle Häuser. Georg Kaisers »Jüdische Witwe« mußte abgesetzt werden. Hier hat die Kritik vollkommen versagt. Allerdings hätte Kaiser sein Stück französisch schreiben und von Julius Elias verdeutschen lassen sollen. –

Zum Kampf Hans Breitensträters mit Pablo Uzcudun waren acht Tage vorher die 15 000 Plätze des Sportpalastes restlos ausverkauft.

Weil das Publikum immer mehr und mehr spürt, daß das Theater viel »Klüngel« ist. Ebenso wie der Kampf van der Veer mit Breitensträter angeblich gewesen sein soll. Denn das Publikum des Sportpalastes rekrutiert sich nicht allein aus Bierkutschern und Chauffeuren; – die ganze gute berlinische Gesellschaft ist da, Prinzen und Prinzessinnen, Maler und Bildhauer, Literatur und Haute Banque und alle an diesem Abend beschäftigungslosen Schauspieler. – Warum das?

Weil das Publikum fühlt, daß das, was da in dem Ring vorgeht, ein wirkliches Drama ist und keine mißverstandene Heilige Johanna. Was sich da in dem Ring, inmitten der 15 000 aufgeregten Menschen, abspielt, in einer halben Stunde, ist wirkliches Drama, ist keinem Theater vergleichbar.

In einem großen Boxkampf ist keine Schiebung möglich, weil die Natur des Boxsportes in seiner äußersten Spannung gar keine vorherige Abmachungen erträgt. Boxen ist Energie in höchster Potenz. Die großen Boxer geben ihr Letztes hin. Monatelang vorbereitet treten sie auf, und die Spannung, die in dem Ring herrscht, überträgt sich auch auf das Publikum, überträgt sich auf Max Slevogt, ebenso wie auf den Droschkenkutscher, auf Tilla Durieux wie auf den Gelbstern von Gerson.

Der Kampf des Deutschen mit dem Spanier war ein unerhörtes Ereignis. Ihre Arbeit war vergleichbar mit der von Generalstäblern. – Daß Breitensträter den Kampf verlor, ist keine Schande. Seine Niederlage war ehrenvoll. Er kämpfte wie Hektor nach dem Abschied von Andromache, er kämpfte gegen Paolino und gegen Carpentier, also einer gegen zwei. Paolino hatte sich als Trainingspartner den europäischen Boxerkönig kommen lassen, der ihn auch im Kampfe sekundierte; und wie sekundierte, wie ein General seine Truppen, wie ein elektrisch gesteuertes Boot vom Ufer aus! Sein Manager Descamps (er erinnert an Poiret und an Vollard) hat diesen baskischen Bullen vorbereiten lassen, wie es sich vorerst ein deutscher Boxer noch nicht leisten kann. – Paolino, stark wie ein Toro bravo der Witwe Miura, war 10 Kilo schwerer als Breitensträter. Dieser Gewichtsunterschied gab ihm von vornherein ein Übergewicht, hierzu kam der Gedanke, daß er durch diesen Kampf nur verlieren konnte. Gewann Breitensträter, waren Paolinos Chancen, Europameister zu werden, vorläufig mal Essig. Denn daß er Spalla schlagen wird, daran zweifelt kein Mensch. Der Deutsche hatte nichts zu verlieren. Hätte er gewonnen, würde er mit dem Italiener in den Ring getreten sein, wäre sicher Europameister geworden, und Deutschland hätte einen Mann großen Kalibers mehr. Und das wäre für Deutschland von großem Wert gewesen, denn wir haben in Deutschland nur wenige Menschen großer internationaler Klasse, wir hätten einen neuen Mann neben Bode, neben den Einst eins, neben Richard Strauss.

Über die Einzelheiten des Kampfes hier zu schreiben, hieße Eulen nach Berlin tragen. Die Querschnittler wissen, was ein Boxkampf ist, und haben in der »B.Z.« und im »Acht-Uhr-Abendblatt« alle Phasen dieses großen Ereignisses miterlebt.

Aber daß dieser Kampf, in dem Kraft, Geist und Erfahrung vereint siegten, eine künstlerische Angelegenheit war, künstlerischer als alle Berliner Theateraufführungen, ist allen denen bewußt geworden, die das große Glück hatten, diesem unerhörten Schauspiel beizuwohnen.

Ich beglückwünsche Breitensträter zu diesem Kampf. Der Versuch war ein kokoschaesker. Er ist ihm diesmal mißglückt. – Ein anderes Mal!

BERTOLT BRECHT

Mehr guten Sport

Unsere Hoffnung gründet sich auf das Sportpublikum.

Unser Auge schielt, verbergen wir es nicht, nach diesen ungeheuren Zementtöpfen, gefüllt mit 15000 Menschen aller Klassen und Gesichtsschnitte, dem klügsten und fairsten Publikum der Welt. Hier finden Sie die 15000 Leute, die die großen Preise bezahlen und auf ihre Rechnung kommen, auf Grund einer gesunden Regelung von Angebot und Nachfrage. Sie können kein faires Verhalten erwarten auf absteigenden Ästen. Die Verderbtheit unseres Theaterpublikums rührt daher, daß weder Theater noch Publikum eine Vorstellung davon haben, was hier vor sich gehen soll. In den Sportpalästen wissen die Leute, wenn sie ihre Billette einkaufen, genau, was sich begeben wird; und genau das begibt sich dann, wenn sie auf ihren Plätzen sitzen: nämlich, daß trainierte Leute mit feinstem Verantwortungsgefühl, aber doch so, daß man glauben muß, sie machten es hauptsächlich zu ihrem eigenen Spaß, in der ihnen angenehmsten Weise ihre besonderen Kräfte entfalten. *Das alte Theater hingegen hat heute kein Gesicht mehr.*

Es ist nicht einzusehen, warum das Theater nicht auch seinen »guten Sport« haben sollte. Wenn man die für Theaterzwecke gebauten Häuser, die ja nun einmal stehen und Zinsen fressen, nur einfach als mehr oder minder leerstehende Räume ansehen würde, in denen man »guten Sport« machen kann, würde man zweifellos auch aus ihnen etwas herausholen können, was einem Publikum, das wirklich heute heutiges Geld verdient und heute heutiges Rindfleisch ißt, etwas geben kann.

Man könnte natürlich sagen, daß es auch noch Publikum gäbe, das im Theater was anderes als »Sport« wolle. Wir haben aber einfach in keinem einzigen Falle bemerkt, daß das Publikum, das heute die Theater füllt, *irgend etwas will.* Das sanfte Widerstreben des Publikums, seine alten, vom Großvater vererbten Theatersitze aufzugeben, sollte man nicht zu einer frischen Willenskundgebung umschminken wollen.

Man ist gewohnt, von uns zu verlangen, daß wir nicht ausschließlich nach der Nachfrage produzieren. Aber ich glaube doch, daß ein Künstler, selbst wenn er in der berüchtigten Dachkammer unter Ausschluß der Öffentlichkeit für kommende Geschlechter arbeitet, ohne daß er Wind in seinen Segeln hat, nichts zustande bringen kann. Und dieser Wind muß eben derjenige sein, der zu seiner Zeit gerade weht, also kein zukünftiger Wind. Es ist keineswegs ausgemacht, zu welcher Fahrtrichtung man diesen Wind benutzt (wenn man Wind hat, kann man bekanntlich auch gegen den Wind segeln, nur ohne Wind oder mit dem Wind von morgen kann man niemals segeln), und es ist durchaus wahrscheinlich, daß ein Künstler noch lange nicht seine Maximalwirkung heute erzielt, wenn er mit heutigem Wind segelt. Es wäre ganz falsch, wenn man etwa aus der heutigen Wirkung irgendeines Theaterstückes seinen Kontakt oder Nichtkontakt beweisen wollte. Ganz etwas anderes ist es mit den Theatern.

Ein Theater ohne Kontakt mit dem Publikum ist ein Nonsens. Unser Theater ist also ein Nonsens. Daß das Theater heute noch keinen Kontakt mit dem Publikum hat, das kommt daher, daß es nicht weiß, was man von ihm will. Das, was es einmal gekonnt hat, kann es nicht mehr, und wenn es das noch könnte, würde man es nicht mehr wollen. Aber das Theater macht immer noch unentwegt, was es nicht mehr kann und was man nicht mehr will. In den ganzen gut heizbaren, hübsch beleuchteten, eine Menge Geld verschlingenden, imposant aussehenden Häusern und in dem ganzen Zeug, das drinnen angestellt wird, ist nicht mehr für fünf Pfennige *Spaß*. Kein Theater heute könnte einige Leute, die im Geruch stehen, Spaß darin zu finden, Stücke anzufertigen, einladen, eine seiner Vorstellungen anzusehen in der Erwartung, daß diese Leute dann ein Verlangen spürten, für dieses Theater ein Stück zu schreiben. Sie sehen gleich: es ist hier auf keine Weise *Spaß* herauszuholen. Es geht hier kein Wind, in kein Segel. Es gibt hier keinen »guten Sport«.

Nehmen Sie zum Beispiel den Schauspieler. Ich will nicht sagen, daß wir weniger Talente hätten, als andere Zeiten wohl gehabt haben, aber ich glaube nicht, daß es jemals eine so abgehetzte, mißbrauchte, von Angst getriebene, künstlich aufgepeitschte Truppe von Schauspielern gab wie die unsere. *Und kein Mann, dem seine Sache nicht Spaß macht, darf erwarten, daß sie irgend sonst jemandem Spaß macht.*

Natürlich, die Leute oben schieben es auf die Leute unten und am liebsten wird gegen die harmlosen Dachkammern vorgegangen. Die Volkswut richtet sich gegen die Dachkammern: Die Stücke sind nichts. Dazu ist zu erwähnen, daß sie, falls sie zum Beispiel nur einfach mit Spaß geschrieben wurden, schon besser sein müssen als das Theater, das sie aufführt, und das Publikum, das sie betrachtet. Sie können einfach kein Theaterstück mehr erkennen, wenn es durch diese Fleischmühle gegangen ist. Wenn wir kommen und sagen: »Das haben sowohl wir als das Publikum uns anders gedacht, wir sind zum Beispiel für Eleganz, Leichtigkeit, Trockenheit, Gegenständlichkeit«, dann sagt das Theater naiv: »Die von Ihnen bevorzugten Leidenschaften, lieber Herr, wohnen in keines Smokings Brust.« Als ob man nicht auch einen »Vatermord« elegant, sachlich, sozusagen in klassisch vollendeter Weise begehen könnte!

Aber statt wirklichen Könnens wird unter der Vortäuschung von Intensität einfacher Krampf geboten. Sie können keine besonderen, also sehenswerte Angelegenheiten mehr auf die Bühne bringen. Der Schauspieler ist von Anfang an, in dem dunklen Drang, sein Publikum nicht weglaufen zu lassen, in einem solchen unnatürlichen Schwung, daß es aussieht, als sei es die gewöhnlichste Sache von der Welt, seinem Vater nahezutreten. Gleichzeitig sieht man aber, daß ihn das Theaterspielen ungeheuer mitnimmt. *Und ein Mann, der sich auf der Bühne anstrengt, strengt, wenn er nur einigermaßen gut ist, auch alle Leute im Parkett an.*

Ich teile nicht die Ansicht jener Leute, die klagen, den rapiden Untergang des Abendlandes fast nicht mehr aufhalten zu können. Ich glaube, daß es eine solche Menge von Stoffen, die sehenswert, Typen, die der Bewunderung würdig sind, und Erkenntnissen, die zu erfahren sich lohnt, gibt, daß man, wenn nur ein guter Sportgeist anhebt, Theater bauen müßte, wenn nicht welche da wären. Aber das Hoffnungsvollste, was es an den heutigen Theatern gibt, sind die Leute, die das Theater vorn und hinten nach der Vorstellung verlassen: sie sind mißvergnügt.

»Der FC Bayern München braucht keinen Trainer, der die Taktik macht. Er braucht einen, der das Ensemble bei Laune hält.«
Uli Hoeneß, Manager des FC Bayern München

»Die Spieler müssen auf dem Platz lachend umfallen.«
Sepp Herberger, Fußballtrainer

»Gewisse Pausen zur Werbung müssen wir dem Fernsehen einräumen. Aber wir werden niemals den Springer im Anlauf oder in der Luft anhalten.«
Gianfranco Kasper, Generalsekretär des Skiweltverbandes (FIS)

DIRK SCHÜMER

Kampfhunde in Seide
Kämpfer, Zuschauer und die Ethik des Boxsports

Der erste Schluck Schampus ist immer der beste. Im VIP-Bereich der Münchner Olympia-Halle bestätigt sich diese alte Erfahrung glänzend: Der Boxkampf hat noch gar nicht angefangen, doch alle sind schon da und amüsieren sich. »Ist das Champagner?«, ruft neugierig ein dicker Mann und hebt ein rundes Weißweinglas vom Tablett, wie es hübsche Hostessen hier herumtragen. Kein Champagner? Da geht er lieber weiter zum umlagerten Stand, denn für weniger ist er nicht gekommen, und er hat lange auf den ersten Schluck gewartet.

Fernsehschirme, denen alle die Rücken kehren, zeigen Bilder aus der Halle nebenan. Mehr oder weniger unbekannte Kämpfer dreschen aufeinander ein. Ab und zu fällt einer um und rappelt sich mühsam wieder hoch. Aber der Ton ist leise gestellt, nur die Ring-Glocke schreckt den einen oder die andere hoch, wenn sie das erste Glas Schampus zum Munde führen, auf das sie sich so gefreut haben.

Es ist viel von Ehre die Rede an diesem Abend. Zwei Männer, die sich früher in ihrer Ehre verletzt sahen, gingen vor die Tür und machten die Sache unter sich aus. Diese Zeiten sind vorbei. Wenn heute Fäuste sprechen, dann ist das eine viel zu vorbildliche Situation, um sie im Privatleben zu verstecken. Der vermeintliche Ehrenhandel der deutschen Berufsboxer Maske und Rocchigiani zog deshalb so magisch Publikum an, weil unser verworrenes gesellschaftliches Hauen und Stechen kaum mehr Gelegenheit bietet, die Auseinandersetzung um elementare Werte Schlag auf Schlag mitzuverfolgen. Der deutsche Boxboom – eine Frage der Ethik. Nur das Boxen ist noch ehrlich.

Zwei Stunden vor diesem Weltmeisterschaftskampf ist der Ehrliche, der Boxer, noch der Dumme, den keiner sehen will. Allzu vielfältig ist das Angebot an Leckereien. Ein frisch gefönter Herr, der sich den Teller mit kalten Shrimps gefüllt hat, beklagt allerdings etwas mürrisch das Angebot. Nächstes Mal bringe er doch gleich lieber seine Frau mit oder seine Freundin: »Wenn ich diese Hühner hier so sehe.«

Doch mit der Zeit muß der Mann sein Kommen nicht mehr bereuen. Während in der Halle wirkungslose Leberhaken und müde Uppercuts ausgeteilt werden, führen die Damen lieber ihre Garderobe vor. Es ist allerhand dabei, etwa eines dieser hautidentischen Lackkleider, das sozusagen um die Trägerin gegossen wird und das man hinterher nur noch mit der Schere ausziehen und wegwerfen kann. Überhaupt sind Lack und Leder hier modern. Die einzigen Frauen in langen Röcken und hochgeschlossenen Blusen werden an diesem Abend kurioserweise die Nummerngirls im Ring sein. Je näher der Kampf rückt, desto schlimmer wird das Gedrängel am Buffet. Ist es nicht merkwürdig, daß Frauen, die ihr Gesicht um jeden Preis und über die Gesetze der Natur hinaus glatt und straff zu halten versuchen, ganz fasziniert Männern dabei zuschauen wollen, wie sie ihre Gesichter lädieren?

Auch unter den Männern sind einige, denen man die Vorliebe für das Boxen auf den ersten Blick ansieht. Am Stand für gebratene Lammkoteletts stehen sie geballt: muskulöse Nacken, Tätowierungen, Stirnbänder, Bomberjacken und Vokuhila-Frisuren (vorne kurz, hinten lang). Aber den Veranstaltern ist es in ihrem Bemühen um Seriosität immerhin gelungen, daß niemand im Jogginganzug aus Fallschirmseide gekommen ist. Kampfhunde sind hier sowieso verboten.

Im treuen Boxmilieu, wo man die Chancen des offenen Vollzugs und der Bewährungsauflagen voll ausgeschöpft hat, um heute dabeizusein, halten viele zu Rocchigiani, dem ungezogenen Straßenkämpfer. Doch sind sich alle einig, daß Maske die Innung besser repräsentiert, daß sein Sieg »für den Sport« das beste wäre: »Jetzt, wo das Boxen so nach oben geschwappt ist, da kann man sich die Frau von dem Rocchigiani doch nicht neben dem Bundespräsidenten vorstellen oder so.«

Inzwischen sind auch die Prominenten gekommen und mit ihnen die Fotografen. Hier ein Schlagerstar der siebziger Jahre, da ein pfiffiger Ex-Wirtschaftsminister, hier eine Showmasterin, die Autogrammkarten verteilt, dort ein Fußballprofi von Bayern München, in dessen Arm sich der glückstrahlende Mann von der Lachsbraterei fotografieren läßt. Spätestens jetzt gelten die Gesetze des Rings für alle: immer in Bewegung bleiben, tänzeln, die Deckung nicht zu hoch nehmen, Schläge lächelnd wegstecken und im fortgeschrittenen Stadium klammern und halten. Aber so weit ist es noch nicht.

Man nimmt die Plätze ein, es ist Zeit für das Kulturprogramm. Bis es richtig losgeht, gibt es noch fünfmal Musik: je eine Hymne für jeden Kämpfer, eine Hymne für ihr Land, eine Hymne für den Ringrichter und die Gesangsdarbietung einer Diva, die, von Tänzern wie ein Maibaum umhergeschwenkt, hoch in der Luft in den Seilen hängt und ihre Disco-Version von Alfredo Catalanis Geier-Wally-Arie »Ebben… ne andro lontana« als Ring-Motiv zum besten gibt. Wenn der Moment der Emphase da ist, kommen die Menschen immer wieder auf die Oper zurück, das Kraftwerk der Gefühle.

Dann wird geboxt.

Punkt Mitternacht ist der Hauptgang vorbei und das Buffet wieder eröffnet. Die ehrlichste Show des Abends beginnt erst noch. Während im VIP-Bereich die Gläser klirren, bauen Arbeiter in der menschenleeren Halle den Ring ab, wickeln die Seile zusammen und karren die Holzbretter davon. »Die Stunde des Siegers« war in Feuerwerksschrift nach dem Kampf mit Getöse aufgeleuchtet – ein Motto, das keine Minute zu lang greift. Nach einer guten Stunde Kehraus ist vom Ring wenig mehr übrig als von den Austern, den Lammkoteletts und den Shrimps. Nur die Mädchen, die während des Kampfes mit roten Luftballons umherliefen und Champagner aus Umhängekühltaschen verkauft hatten, müssen jetzt das Leergut einsammeln.

Einmal kommt drinnen noch Stimmung auf: als Henry Maske gegen zwei Uhr seinen Mantel für wohltätige Zwecke versteigern läßt. Wie jeder große Boxer war er in einem seidenen Morgenrock in den Ring gestiegen, mit einer spitzen Kapuze, wie sie früher die Henker trugen. Das gute Stück ist aus »Papst-Seide«, die sonst höheren Orts verwendet und nur in Mailand hergestellt wird. Ein Künstler aus Dinkelsbühl hat den Rücken mit einem phantasievollen Motiv, einer blühenden Schachfigur, besticken lassen.

Maskes blaues Auge schillert im Scheinwerferlicht, passend zum Ton seiner blauen Krawatte und seinem graubraunen Maßanzug. Als er seinen Arbeitsmantel ikonographisch interpretiert, kehrt der Boxer schon wieder den Denker heraus. Er empfinde Boxen wie »Schach im Ring«, sagt der Großmeister abgeklärt. Nur weil der Moderator seinen Kampfmantel andauernd als »Bademantel« bezeichnet, wird der milde Champion etwas unwillig. Nach kurzweiliger Auktion geht die Papst-Seide für 70000 Mark an einen älteren jovialen Herrn mit Zigarre, der vergnügt seine Karte zückt und gelassen dreinblickt, als hätte er gerade eine Havanna gekauft.

Maske hatte vor dem Kampf philosophiert, er betreibe das Boxen als Kommunikation. Er wolle den Gegner kennenlernen, damit sich »mein Denken auf ihn einstellen kann«. So gesehen, hat er einen lehrreichen Abend hinter sich. Vielleicht ist der ethische Aspekt des Boxens, von dem in München soviel die Rede war, auch der Grund, warum dieser Sport die vereinigte Republik so fasziniert: nach Jahrzehnten der gesellschaftlichen Befriedigung im Wohlfahrtsstaat, da ein Tennisspiel bereits den Höhepunkt aggressiver Aufwallung bedeutete, gibt es jetzt wieder harte Interessenkonflikte – zwischen West und Ost, Arm und Reich, Ausländern und Deutschen. Henry Maske hatte die Ehre, diese Konflikte Schlag um Schlag zu lösen.

Um halb drei verläßt der Champion umjubelt den Saal,

wo für den Herrn im Leopardenfrack und die Dame im Latexkleid diese Nacht mit ihren heiklen Fragen nach der Ehre noch lange nicht zu Ende ist. In einer Ecke lehnt neben seiner Sporttasche unbeachtet einer der Kämpfer aus dem Vorprogramm, ein waschechter Boxer mit Blumenkohlohren und Plattnase. Für ihn verlief der Abend weniger kommunikativ. In der einen Hand hält er einen Energie-Drink, in der anderen einen ziegelsteingroßen Eisbeutel, mit dem er sich von Zeit zu Zeit die Schwellungen über den Augen kühlt.

»Gewinnen ist das eine, der schöne Schein das andere, die Einschaltquote das dritte.«   *Roland Zorn, Sportjournalist*

»Jeder im Boxgeschäft muß paranoid sein. Du hast keine andere Wahl, denn Boxen ist wie eine Mafia. Ich bin dein Freund, und morgen bin ich dein Feind. Es hängt davon ab, was du sagst oder was du tust.«   *Mike Tyson, Boxer*

»Nach dem Kampf gegen McClellan habe ich selbst Blut gepißt, aber ich mußte einfach weitermachen. Ich bin ein Krieger.«
Nigel Benn, Box-Weltmeister im Super-Mittelgewicht

»Axel Schulz ist auch ein Opfer der doppelten Moral der guten Gesellschaft, die einerseits das saubere Boxen lobt, andererseits Killerinstinkt verlangt.«   *Fritz-Jochen Kopka, Publizist*

»Den Gegner verletzen – dafür werde ich bezahlt.«
Ed Hospodor, Eishockeyspieler der Philadelphia Flyers

»Ich liebe den Geruch des Schwarzpulvers nach Panzerschüssen genauso wie die brechenden Knochen eines Quarterbacks, wenn ich ihn zu Boden reiße.«
Kevin D. Greene, Football-Spieler bei den Pittsburgh Steelers

ERICH KÄSTNER

Catch as Catch can

Die Halle, wo sonst in bunt gefälligem Wechsel Konzerte, Operetten- und Varietéabende stattfinden, war seit einer Woche bis auf den letzten Winkel ausverkauft. »Mindestens tausend Menschen haben wir wegschicken müssen«, sagte der Veranstalter, zur Hälfte stolz und halb verzweifelt. Er wickelte seit Tagen eine »Internationale Ringkampfkonkurrenz« ab, und heute standen nicht nur die üblichen fünf Paarungen im griechisch-römischen Stile zu erwarten – das wäre mitten im Winter, also in dieser von den Ringkämpfern bevorzugten Paarungszeit, höchstens Anlaß für ein mäßig oder mittelmäßig besuchtes Haus gewesen –, nein, es war auch eine Begegnung im freien Stil angekündigt, ein Herausforderungskampf bis zur Entscheidung, und die Feinschmecker unter den Fachleuten prophezeiten uns Laien eine athletische Delikatesse.

Das Wort »Freistil« deckt sich nicht ganz mit dem Sachverhalt. Es wird zwar außerordentlich »frei« gekämpft. Aber von »Stil« ist dabei weniger die Rede. Die englische Floskel »Catch as catch can« trifft genauer. Übersetzt heißt das ungefähr soviel wie »Greif zu, wo's was zum Zugreifen gibt«. Die Herren Gegner dürfen nach Herzenslust greifen und packen, zwicken und zwacken, schlagen, strangulieren, reißen, biegen, dehnen und treten, was ihnen vom Körper des andern in die Finger, vor die Fäuste, zwischen die Hände, Arme und Beine oder auch vor den als Rammbock recht verwendbaren Kopf gerät. Eisenhämmer und Äxte dürfen sie allerdings nicht mitbringen, hier hat man ihrem Spieltriebe Grenzen gesetzt. Und dann ist noch etwas verboten, was dem Laien angesichts einer derartig gründlichen Holzerei als Bagatelle erscheinen könnte: sie dürfen einander nicht an den Kopfhaaren ziehen. Der Ringrichter schaut, soweit seine eigene Existenz nicht gerade gefährdet ist, gelassen zu, wie der eine, mit lustbetonten Zügen, die Zehen des anderen verbiegt, oder wie dieser andere, gebückt und den Schädel vorneweg, in die Magengrube des einen hineinrast. Solche und ähnliche Divertissements findet der Herr mit der Trillerpfeife gesund, notwendig und angemessen. Doch kaum sucht einer den anderen am Schopf zu zupfen, springt er, empört trillernd, dazwischen, und der ertappte Übeltäter läßt auf der Stelle die Locke des Gegners fahren, der ihm, nun wieder ungestört, mit der Faust auf den Magen trommeln oder den Kopf abreißen darf. Spielregeln haben, übrigens nicht nur im Sport, ihre Geheimnisse. In manchen Fällen ist man versucht, dahinter nichts weiter zu vermuten als die kichernde Willkür der Regelstifter. Schreckliches gilt für erlaubt, Lappalien sind verboten, die Spielregeln werden befolgt, die Stifter lachen sich noch nach ihrem Ableben ins Fäustchen.

Doch wir kommen vom Freistilringen zu weit ab. Der Herausforderer war ein Herr aus München, untersetzt, älteren Jahrgangs und, sieht man von seinem Nußknackerkinn ab, ein freundlicher Kleinbürger und Familienvater. Der Herausgeforderte war ein junger Athlet, ein Herr aus Prag, ein Liebling der Frauen und, sieht man von seiner Stupsnase ab, ein schöner Mann. Der Ausgang schien wohl niemandem sonderlich zweifelhaft. Doch die erste Runde brachte die von beiden gesuchte Entscheidung noch nicht. Sie taten einander so recht von Herzen weh. Sie stöhnten abwechselnd, sie taten's im Duett. Oft genug war es dem Außenstehenden nicht mehr möglich, die verrenkten und ineinander verschlungenen Arm- und Beinpaare ordnungsgemäß auseinanderzuhalten. Bekam man gelegentlich ihrer beider verzerrte, gequälte Mienen zu Gesicht, so ging einem Lessings Traktat über die Laokoongruppe durch den Kopf. Dann wieder schrak man zusammen. So etwa, wenn der eine den Schädel des andern beim Wickel hatte, mit dem unbeschäftigten Arm weit ausholte und, den Körperschwung voll ausnutzend, dem Festgehaltenen mit der Faust ins Gesicht schlug. Der Erfolg war jedesmal probat. Der Geschlagene fiel um oder torkelte benommen durch den Ring, bis ihn die im Viereck gespannten Seile aufhielten.

Im Verlauf eines solchen unheimlichen Fausthiebs fand der Kampf denn auch, in der zweiten Runde, sein überraschendes Ende. Der ältere Herr aus München befand sich, wie man es wohl nennt, auf der Verliererstraße. Er hatte den Gegner, dessen Haupt zwischen den Knien rollend, sehr verstimmt, und anschließend einen der eben beschriebenen wütenden Faustschläge auf sein hierfür geradezu prädestiniertes Nußknackerkinn einstecken müssen. Er torkelte rückwärts. Die Seile hielten den Taumelnden auf. Der junge Herr aus Prag duckte sich wie ein Panther, um dem schwankenden, halb betäubten Familienvater, von der Mitte des Rings aus, Kopf vorneweg, geradewegs in die Rippen zu springen. Er sprang, wuchtig und elegant, wirklich einem Raubtier gleichend, auf sein Ziel los; doch in einer Zehntelsekunde, eben während des Sprungs, fiel der Herr aus München, in einer Mischung aus Entkräftung und List, zu Boden, und der andere schoß, von keinem feindlichen Brustkorb aufgehalten, zwischen dem obersten und mittleren Seil hindurch aus dem Ring hinaus ins Ungewisse. Er fiel, wie sich später herausstellte, in die Gasse zwischen den Stuhlreihen, nicht in den Schoß der Schönen und schon gar nicht wie ein Panther. Mittlerweile erhob sich der andere, schaute sich suchend um, fand sich allein und ging, unterm Toben der Menge, gütlich lächelnd in seine Ecke. Der Schiedsrichter zählte ziemlich lange. Bei »Zehn« stand der Sieger fest. Bei »Sechzehn« tauchte der Kopf des Verlierers, ziemlich verblüfft, am Ring auf. Die Zuschauer tobten und jubelten noch bei »Sechsundneunzig«.

Die Gladiatorentragödie hatte ihr satirisches Nachspiel. Als wir aufstanden, um zu gehen, sagte hinter uns eine klägliche Stimme: »Endlich! Endlich komme ich hier heraus!« Wir sahen uns um. Die Stimme gehörte zu einer alten zerbrechlichen Dame, die der Verzweiflung nahe schien. »Warum gehen Sie denn auch zu einer solchen Viecherei«, fragte einer, »wenn Sie so schwache Nerven haben?« »Ach«, jammerte sie, »ich habe mich ja bloß im Datum geirrt. Mein Billett gilt eigentlich erst morgen!« »Was ist denn hier morgen los?« Sie blickte uns wie ein sterbendes Reh an. Dann flüsterte sie: »Philharmonisches Konzert.«

»Die Arena ist der Ort, an dem das Gute über das Böse siegt. Das Gute wiegt mindestens hundert Kilo und ist eingeölt. Das Böse aber auch. […] Das Gute ist stark, schwer und schwitzt, genau wie das Böse, aber das Böse kämpft dazu noch unfair.«
Robin Detje, Publizist, über Wrestling

ROLAND BARTHES
Die Welt, in der man catcht

> »... *Die emphatische Wahrheit der Geste in den großen Momenten des Lebens*«
> *Baudelaire*

Die Stärke des Catch liegt darin, daß er ein exzessives Schauspiel ist. Hier findet man eine Emphase, die auch jene der antiken Theater gewesen sein muß. Im übrigen ist der Catch ein Freilicht-Schauspiel, denn das Wesentliche des Zirkus oder der Arena ist nicht der Himmel (ein romantischer, den mondänen Festen vorbehaltener Wert), es ist der dichte und vertikale Charakter der Lichtfläche; aus den hinteren Reihen gesehen, selbst in den schmutzigsten Pariser Sporthallen, hat der Catch teil an der Natur der großen Sonnenschauspiele, dem griechischen Theater und dem Stierkampf: hier wie dort erzeugt ein schattenloses Licht eine schutzlose Emotion.

Es gibt Leute, die glauben, der Catch sei ein widerlicher Sport. Der Catch ist kein Sport, er ist ein Schauspiel, und es ist nicht widerlicher, einer gecatchten Darstellung des Schmerzes beizuwohnen als den Leiden des Arnolphe oder der Andromache. Sicher, es gibt einen falschen Catch, der mit großem Aufwand und dem nutzlosen Anschein eines regulären Sports gespielt wird, dies ist ohne Interesse. Der wirkliche Catch, ungerechterweise Amateur-Catch genannt, spielt sich in zweitklassigen Hallen ab, wo das Publikum sich spontan auf die spektakuläre Art des Kampfes einläßt wie das Publikum eines Vorort-Kinos. Dieselben Leute empören sich anschließend darüber, daß der Catch ein manipulierter Sport ist (was – im übrigen – seine Widerlichkeit vermindern müßte). Dem Publikum ist es vollkommen egal, ob der Kampf manipuliert ist oder nicht, und es hat recht; es gibt sich der hauptsächlichen Tugend des Schauspiels hin, nämlich jedes Motiv und jede Folge abzuschaffen: worauf es ihm ankommt, ist nicht, was es glaubt, sondern was es sieht.

Dieses Publikum weiß sehr genau den Catch vom Boxen zu unterscheiden; es weiß, daß das Boxen ein jansenistischer, auf dem Beweis eines herausragenden Könnens begründeter Sport ist; man kann auf den Ausgang eines Boxkampfs wetten: beim Catch hätte dies keinen Sinn. Der Boxkampf ist eine Geschichte, die vor den Augen des Zuschauers entsteht; beim Catch ist, ganz im Gegenteil, jeder Augenblick verständlich, nicht aber die Zeitdauer. Der Zuschauer interessiert sich nicht für das Ansteigen eines Vermögens, er wartet auf das momenthafte Bild bestimmter Leidenschaften. Der Catch verlangt also eine unmittelbare Leseweise der aneinandergereihten Bedeutungen, ohne daß es notwendig wäre, sie untereinander zu verbinden. Die kalkulierbare Zukunft des Kampfs interessiert den Freund des Catch nicht, während ein Boxkampf im Gegenteil immer ein Zukunftswissen impliziert. Anders gesagt ist der Catch eine Summe von Schauspielen, von denen keines eine Funktion für ein anderes hat: jeder Augenblick verlangt die totale Kenntnis einer Leidenschaft, die geradlinig und allein aufbricht, ohne jemals bis zu der Krönung eines Ergebnisses anzudauern.

Entsprechend ist die Funktion des Catchers nicht die des Gewinnens, sondern des exakten Ausführens der Gesten, die man von ihm erwartet. Man sagt, das Judo enthalte einen geheimen symbolischen Anteil; selbst wenn die Symbole wirksam sind, handelt es sich um zurückgehaltene, präzise, aber kurze Gesten, genau gezeichnet, aber mit einem schwerelosen Strich. Der Catch bietet hingegen exzessive Gesten, die bis zum Höhepunkt ihrer Bedeutungen ausgebaut werden. Der Mann am Boden bleibt beim Judo dort nur ganz kurz, er rollt über die Schulter, er entzieht sich, er entgeht der Niederlage oder er gibt, wenn diese erkennbar ist, sofort das Spiel auf; der Mann am Boden bleibt beim Catch dort auf übertriebene Weise liegen und füllt das Blickfeld des Zuschauers mit dem unerträglichen Schauspiel seiner Ohnmacht aus.

Diese Funktion der Emphase ist genau die gleiche wie die des antiken Theaters, dessen Energie, Sprache und Requisiten (Masken und Kothurne) zur übersteigerten sichtbaren Erklärung einer *Notwendigkeit* beitrugen. Die Geste des besiegten Catchers, die der Welt eine Niederlage bezeichnet, welche er, anstatt sie zu maskieren, hervorhebt und *wie eine Fermate hält,* entspricht der Funktion der antiken Maske, den tragischen Ton des Schauspiels zu bezeichnen. Beim Catch, wie in den antiken Theatern, schämt man sich seines Schmerzes nicht, man versteht zu weinen, man hat Gefallen an Tränen.

Jedes Zeichen des Catch besitzt also eine totale Klarheit, denn alles muß sofort verstanden werden. Sobald die Gegner im Ring erscheinen, wird das Publikum von der Evidenz der Rollen gefangengenommen. Wie im Theater drückt jeder Körpertyp bis zum Exzeß den Gebrauch aus, der dem Kämpfer zugeschrieben worden ist. Thauvin, ein fetter und klappriger Fünfzigjähriger, dessen geschlechtslose Widerlichkeit immer zu weiblichen Spitznamen anregt, breitet in seinem Fleisch die Merkmale des Ekelhaften aus, denn seine Rolle ist es, das zu verkörpern, was sich nach der klassischen Konzeption des Schweins (der Schlüsselbegriff jedes Catchkampfs) als organisch abstoßend darstellt. Der von Thauvin absichtlich eingegebene Ekel reicht also im Zeichenzusammenhang sehr weit: nicht nur, daß man sich der Häßlichkeit bedient, um die Gemeinheit zu bezeichnen, sondern diese Häßlichkeit ist in einer besonders abstoßenden Eigenschaft der Materie vollständig konzentriert: im bleichen Zusammenfallen eines toten Fleisches (das Publikum nennt Thauvin »la barbaque« [der Fleischklumpen]), derart daß das leidenschaftliche Verdikt der Menge nicht mehr aus ihrem Urteilsvermögen entsteht, sondern vielmehr aus der tiefsten Schicht ihrer Stimmung. Sie heftet sich also mit Leidenschaft an ein Bild jenseits von Thauvin, das mit seinen körperlichen Gegebenheiten übereinstimmt: seine Handlungen entsprechen vollkommen der wesensmäßigen Klebrigkeit seiner Person.

Der Körper des Catchers ist also der erste Schlüssel des Kampfes. Von Anfang an weiß ich, daß alle Akte Thauvins, sein Verrat, seine Grausamkeit und seine Feigheit, das erste Bild, das er mir vom Ekelhaften gibt, nicht enttäuschen werden: Ich kann mich darauf verlassen, daß er intelligent alle Gesten einer bestimmten formlosen Gemeinheit vollziehen wird und daß er durch und durch das Bild des widerlichsten Schweins erfüllen wird, das es gibt: des Kraken-Schweins. Die Catcher haben also eine ebenso eindeutige körperliche Gestalt wie die Personen der Commedia dell'arte, die in ihren Kostümen und Haltungen den Inhalt ihrer Rolle im voraus bekanntgeben: so wie Pantalone nie etwas anderes als ein lächerlicher Hahnrei, Harlekin nur ein schlauer Diener und der Doktor nur ein einfältiger Schulmeister ist, ebenso wird Thauvin nie etwas anderes sein als ein widerlicher Verräter, Reinières (ein großer Blonder mit einem weichen Körper und wilden Haaren) nur das beunruhigende Bild der Passivität, Mazaud (ein kleiner arroganter Hahn) jenes der lächerlichen Selbstgefälligkeit und Orsano (ein verweiblichter Exzentriker, von Anfang an in einem blau-rosa Morgenrock auftretend) jenes doppelt pikante einer rachsüchtigen Schlampe.

Die körperliche Erscheinung des Catchers erzeugt ein Grundzeichen, das den ganzen Kampf im Keim enthält. Aber dieser Keim zeugt fort, denn in jedem Augenblick des Kampfs, in jeder neuen Situation wirft der Körper des Catchers das wunderbare Vergnügen einer Stimmung, die sich natürlicherweise mit einer Geste verbindet, ins Publikum. Die verschiedenen Bedeutungslinien erhellen sich gegenseitig und bilden das verständlichste der Schauspiele. Der Catch ist wie eine didaktische Schreibweise: über die Grundbedeutung seines Körpers legt der Catcher episodische, aber immer gern gesehene Erläuterungen, die die Leseweise mit Hilfe der Gesten, der Haltungen und der Mimik unaufhörlich unterstützen und die Absichten so deutlich wie nur irgend möglich machen. Hier triumphiert der Catcher mit einer widerlichen Grimasse, wenn er den guten Sportler unter seinen Knien hält; dort richtet er ein süffisantes Lächeln an die Menge, das die nahe Rache ankündigt; dort wieder schlägt er, am Boden festgehalten, mit großen Bewegungen seine Arme auf die Matte, um allen seine unerträgliche Situation anzuzeigen; dort schließlich entwirft er eine komplizierte Zeichenmenge, die zu verstehen geben soll, daß er mit gutem Recht das immer unterhaltsame Bild des miesen Charakters verkörpert, der unerschöpflich um seine Unzufriedenheit herumfabuliert.

Es handelt sich also um eine wahrhaftige menschliche Komödie, wo die gesellschaftlichsten Seiten der Leidenschaft (Selbstgefälligkeit, das gute Recht, raffinierte Grausamkeit, Sinn für das »Heimzahlen«) zum Glück immer auf das klarste Zeichen treffen, das sie aufzunehmen, auszudrücken und im Triumph bis in die hintersten Reihen der Halle zu tragen vermag. Es versteht sich, daß es auf dieser Ebene nicht wichtig ist, ob die Leidenschaft authentisch ist oder nicht. Was das Publikum verlangt, ist das Bild der Leidenschaft, nicht die Leidenschaft selbst. Im Catch stellt sich das Problem der Wahrheit ebensowenig wie im Theater. Hier wie dort ist das, was man erwartet, die verständliche Darstellung moralischer, üblicherweise verborgener Situationen. Dies Hervortreten der Innerlichkeit zugunsten ihrer äußeren Zeichen, dies Ausschöpfen des Inhalts durch die Form ist genau das Prinzip der triumphierenden klassischen Kunst. Der Catch ist eine unmittelbare Pantomime, unendlich effektvoller als die theatralische Pantomime, denn die Geste des Catchers braucht kein Fabulieren, kein Bühnenbild, in einem Wort: keine Übertragung, um wahr zu erscheinen.

Jeder Augenblick des Catch ist also wie eine Algebra, die die Beziehung zwischen einer Ursache und ihrer dargestellten Wirkung unmittelbar enthüllt. Bei den Catch-Liebhabern gibt es sicher eine Art intellektuellen Vergnügens, zu sehen, daß die moralische Mechanik so reibungslos funktioniert; einige große Komödianten unter den Catchern unterhalten ebensosehr wie eine Person Molières, weil es ihnen gelingt, eine unmittelbare Leseweise ihrer Innerlichkeit aufzudrängen: ein Catcher mit arrogantem und lächerlichem Charakter (in der Weise, wie man sagt, daß Harpagnon ein Charakter ist), Armand Mazaud, ruft in der Halle durch die mathematische Strenge seiner Transkriptionen immer Freudenstürme hervor, indem er die Zeichnung seiner Gesten bis zum äußersten Punkt ihrer Bedeutungen vorantreibt und seinem Kampf die Art Erregung und Präzision eines großen scholastischen Streits gibt, dessen Einsatz der Triumph des Stolzes und zugleich die formale Bemühung um die Wahrheit ist.

Auf diese Weise wird dem Publikum das große Schauspiel des Schmerzes, der Niederlage und der Gerechtigkeit geliefert. Der Catch stellt den Schmerz des Menschen mit der ganzen Verstärkung durch die tragischen Masken dar: der Catcher, der unter einem als grausam berüchtigten Griff (ein umgedrehter Arm, ein eingeklemmtes Bein) leidet, zeigt das maßlose Gesicht des Schmerzes, wie eine primitive Pieta läßt er sein Gesicht sehen, das durch ein unerträgliches Leiden übertrieben entstellt wird. Es ist leicht verständlich, daß beim Catch das Schamgefühl fehl am Platze wäre, weil es dem freiwilligen *Vorzeigen* des Schauspiels, dieser Ausstellung des *Schmerzes,* die genau der Zweck des Kampfs ist, widerspricht. Daher sind alle schmerzerzeugenden Handlungen besonders spektakulär, wie die Geste eines Zauberkünstlers, der seine Karten mit erhobenen Händen vorzeigt: ein Schmerz, der keine verständliche Ursache zu haben scheint, könnte nicht verstanden werden; eine versteckte, aber tatsächlich grausame Geste überschritte die ungeschriebenen Gesetze des Catch und wäre ohne jede gesellschaftliche Wirksamkeit, wie eine verrückte oder störende Geste. Im Gegenteil erscheint das Leiden als mit Fülle und Überzeugung zugefügt, denn alle Zuschauer müssen nicht nur feststellen, daß der Mann leidet, sondern auch und vor allem verstehen, warum er leidet. Was die Catcher einen Griff nennen, d. h. irgendeine Figur, die den Gegner unbegrenzt lange bewegungslos zu stellen und auf Gedeih und Verderb ausgeliefert zu halten erlaubt, hat gerade die Aufgabe, auf konventionelle, also verständliche Weise das Schauspiel des Leidens vorzubereiten, auf methodische Weise die Bedingungen des Leidens zu schaffen: die Trägheit des Besiegten erlaubt es dem (augenblicklichen) Sieger, sich in seiner Grausamkeit einzurichten und jene erschreckende Tätigkeit des Folterers, der sich der Folge seiner Gesten sicher ist, auf das Publikum zu übertragen: die Schnauze des machtlosen Gegners rüde schrubben oder seine Wirbelsäule mit tiefen und regelmäßigen Faustbewegungen abscheuern, wenigstens die sichtbare Oberfläche dieser Gesten auszuführen; der Catch ist der einzige Sport, der ein derart äußerliches Bild der Folter gibt. Aber auch hier ist nur das Bild im Spielfeld, und der Zuschauer wünscht sich nicht das wirkliche Leiden des Kämpfers, er schätzt allein die Perfektion einer Ikonographie. Es ist nicht wahr, daß der Catch ein sadistisches Schauspiel ist: er ist nur ein verständliches Schauspiel.

Es gibt eine andere, noch spektakulärere Figur als den Griff: den Schlag, jenen starken Hieb mit den Unterarmen, jener verpuppte Fauststoß, mit dem man die Brust des Gegners betäubt, mit einem schlaffen Geräusch und einem übertriebenen Zusammenfallen des besiegten Körpers. Beim Schlag wird die Katastrophe am deutlichsten gezeigt, in einem Ausmaß, daß die Geste im äußersten Fall nur als ein Symbol erscheint; dies ist jedoch zuviel, dies durchbricht die moralischen Regeln des Catch, bei dem jedes Zeichen übertrieben klar sein muß, aber sein Streben nach Klarheit nicht durchscheinen lassen darf; das Publikum schreit dann »Betrug«, nicht weil es das Fehlen eines wirklichen Leidens bedauert, sondern weil es das Künstliche verdammt: wie beim Theater durchbricht man das Spiel ebensosehr durch übermäßige Echtheit wie durch übermäßige Künstlichkeit.

Es ist viel über den Vorteil gesagt worden, den die Catcher aus einem bestimmten körperlichen Stil ziehen, der komponiert und verwendet wird, um vor den Augen des Publikums ein totales Bild der *Niederlage* zu entwerfen. Die Weichheit der großen weißen Körper, die auf einmal auf die Erde stürzen oder zwischen den Seilen mit schlagenden Armbewegungen zusammenfallen, die Trägheit der massiven Catcher, von allen elastischen Flächen des Rings jämmerlich zurückgeworfen, nichts kann klarer und leidenschaftlicher die exemplarische Erniedrigung des Besiegten bezeichnen. Jeder Energie beraubt ist das Fleisch des Catchers nur noch eine dreckige, auf der Erde ausgebreitete Masse, die die ganze Verbitterung und den ganzen Jubel hervorruft. Hierin liegt, wie in der Antike, ein Höhepunkt der Bedeutung; der an das Übermaß an Absichten der latinischen Triumphe erinnert. In anderen Momenten taucht in der Auseinandersetzung der Catcher noch eine antike Figur auf, jene des Flehenden, des auf Gedeih und Verderb ausgelieferten, gebeugten Mannes, auf den Knien, die Arme über den Kopf erhoben und langsam durch die vertikale Spannung des Siegers niedergedrückt. Beim Catch ist die Niederlage, im Gegensatz zum Judo, kein konventionelles Zeichen, das man aufgibt, sobald es erreicht ist: sie ist kein Ende, sondern genau im Gegenteil eine Zeitdauer, eine Zurschaustellung, sie nimmt die alten Mythen des *Leidens* und der *Demütigung* vor der Öffentlichkeit auf: das Kreuz und den Pranger. Es ist, als werde der Catcher in hellem Lichte gekreuzigt, vor den Augen aller. Ich habe einen auf dem Boden ausgestreckten Catcher sagen hören: »Er ist tot, der kleine Jesus, dort am Kreuz«, und diese ironischen Worte legten die tiefen Wurzeln eines Schauspiels frei, das genau die Gesten der ältesten Reinigungszeremonien vollzieht.

Aber vor allem ahmt der Catch einen rein moralischen Begriff nach: die Gerechtigkeit. Die Idee des Bezahlens ist dem Catcher wesentlich, und das »Laß ihn leiden« der Menge bedeutet eigentlich ein »Laß ihn bezahlen«. Es geht natürlich um eine immanente Gerechtigkeit. Je gemeiner die Aktionen des »Schweins« sind, desto mehr bringt der Schlag, den dieser gerechterweise empfängt, das Publikum zum Jubeln: Wenn der Verräter – der natürlich ein Feigling ist – sich hinter den Seilen versteckt und sein schlechtes Recht durch eine freche Mimik geltend macht, wird er dort unerbittlich eingefangen, und die Menge jubiliert bei dem Anblick, wie die Regel zugunsten einer verdienten Sühne verletzt wird. Die Catcher verstehen es sehr gut, der Macht, der Empörung beim Publikum zu schmeicheln, indem sie ihm gerade die Grenzen des Gerechtigkeitsbegriffs zeigen; jene Extremzone der Konfrontation, in der man sich nur einen Schritt weiter von der Regel zu entfernen braucht, um das Tor zu einer rasenden Welt zu öffnen. Für einen Catch-Liebhaber gibt es nichts Schöneres als die rächerische Wut eines verratenen Kämpfers, der sich mit Leidenschaft nicht auf einen glücklichen Gegner, sondern auf das herausfordernde Bild der Treulosigkeit wirft. Natürlich kommt es hier viel mehr auf den Ablauf der Gerechtigkeit an als auf ihren Inhalt: der Catch ist zuerst eine quantitative Reihe von Vergeltungen (Auge um Auge, Zahn um Zahn). Dies erklärt, daß das Umkehren von Situationen in den Augen der treuen Catch-Liebhaber eine Art moralischer Schönheit besitzt: sie genießen es wie eine willkommene romanhafte Episode, und je größer der Kontrast zwischen dem Gelingen eines Schlages und dem Wechsel des Glücks ist, desto näher ist das Schicksal eines Kämpfers seinem Fall und desto eher wird das Mimodrama als befriedigend beurteilt. Die *Gerechtigkeit* ist also ein Körper mit möglichen Übertretungen; gerade weil es ein Gesetz gibt, hat das Schauspiel der Leidenschaften, die es durchbrechen, seinen ganz besonderen Wert.

Es versteht sich also, daß von fünf Catchkämpfen etwa ein einziger regulär ist. Einmal mehr muß man verstehen, daß hier die Regularität zur Rolle oder zum Genre gehört, wie im Theater: die Regel erzeugt überhaupt keinen wirklichen Zwang, sondern den konventionellen Schein der Regularität. Daher ist ein regulärer Kampf tatsächlich nichts anderes als ein übertrieben höflicher Kampf: die Kämpfer zeigen Eifer, keine Wut in der Konfrontation, sie verstehen es, Herr über ihre Leidenschaften zu bleiben, sie verbeißen sich nicht in den Besiegten, sie hören mit dem Kampf auf, sobald ihnen dazu die Anordnung erteilt wird, und sie grüßen einander am Ende einer besonders rüden Episode, bei der sie dennoch immer redlich zueinander waren. Man muß natürlich sehen, daß alle diese höflichen Handlungen dem Publikum durch die konventionellsten Gesten der Redlichkeit signalisiert werden: die Hand geben, den Arm heben, sich ostentativ von einem sterilen Griff fernhalten, der der Perfektion des Kampfs schaden würde.

Umgekehrt existiert die Unredlichkeit hier nur durch ihre exzessiven Zeichen: dem Besiegten einen kräftigen Fußtritt geben, hinter die Seile flüchten, indem man sich auf ein rein formales Recht beruft, ablehnen, seinem Partner vor oder nach dem Kampf die Hand zu geben, von den offiziellen Pausen profitieren, um wie ein Verräter wieder in den Rücken des Gegners zu gelangen, ihm außerhalb des Blickfeldes des Ringrichters einen verbotenen Schlag geben (einen Schlag, der offensichtlich nur deshalb einen Wert und eine Rolle hat, weil die halbe Halle ihn sehen und sich darüber aufregen kann). Weil das Böse das natürliche Klima des Catch ist, bleibt der reguläre Kampf vor allem eine Ausnahmeerscheinung; der Beteiligte wundert sich darüber und begrüßt sie im Vorübergehen als eine anachronistische und etwas sentimentale Rückkehr zu einer sportlichen Tradition (»die sind ganz schön regulär heute«); er fühlt sich plötzlich angesichts der allgemeinen Güte der Welt gerührt, aber würde ohne Zweifel vor Langeweile und Gleichgültigkeit sterben, wenn die Catcher nicht sehr schnell zur Orgie der bösen Gefühle, die allein guten Catch ausmachen, zurückkehren würden.

Der reguläre Catch könnte, wenn man ihn weiterdenkt, nur zum Boxen oder Judo führen, während der echte Catch seine Originalität durch alle Exzesse erhält, die aus ihm ein Schauspiel und nicht einen Sport machen. Das Ende eines Boxkampfs oder einer Judobegegnung ist trocken wie der Schlußpunkt eines Beweises. Der Rhythmus des Catch ist ganz anders, denn seine natürliche Bedeutung ist die der rhetorischen Verstärkung: die Emphase der Leidenschaften, der Wechsel der Höhepunkte, die Steigerung der Gegenriten können natürlicherweise nur im wirrsten Durcheinander münden. Einige Kämpfe, darunter die gelungensten, werden von einem Schlußtumult gekrönt, einer Art rasender Fantasia, wo das Regelwerk, die Gesetze des Genres, die Schiedsrichter-Zensur und die Grenzen des *Rings* abgeschafft werden, fortgerissen in einer triumphalen Unordnung, die in die Halle überschwappt und Catcher, Betreuer, Schiedsrichter und Zuschauer mitreißt.

Es ist bereits bemerkt worden, daß in Amerika der Catch eine Art mythologischen Kampfs zwischen dem Guten und dem Bösen darstellt (para-politischer Natur, wobei der schlechte Kämpfer immer als *Roter* gedacht wird). Der französische Catch umfaßt eine ganz andere Heroisierung, ethischer Art und nicht mehr politischer. Was das Publikum hier sucht, ist die fortschreitende Konstruktion eines eminent moralischen Bildes: die des vollkommenen Schweins. Man geht zum Catch, um den wechselnden Abenteuern einer großen Hauptrolle beizuwohnen, einer einzigartigen Person, die, beständig und vielgestaltig wie Guignol oder Scapin, erfinderisch in unerwarteten Figuren und doch immer ihrer Rolle treu ist. Das Schwein enthüllt sich wie ein Charakter Molières oder ein Porträt La Bruyères, d. h. wie eine klassische Wesenheit, wie eine Essenz, deren Akte nur bedeutungsvolle, zeitlich geordnete Epiphänomene sind. Dieser stilisierte Charakter gehört weder einer Nation noch einer Partei an, und ob der Catcher Kuzchenko (genannt Moustache wegen Stalin), Yerpazian, Gaspardi, Jo Vignola oder Nollières heißt, der Verbraucher vermutet bei ihm kein anderes Vaterland als das der »Regularität«.

Was also ist ein Schwein für dieses Publikum, das zum Teil, wie es heißt, aus Irregulären zusammengesetzt ist? Im wesentlichen etwas Unstetiges, das die Regeln nur dann anerkennt, wenn sie ihm nützlich sind, und das die formale Kontinuität der Haltungen durchbricht. Es ist ein unberechenbarer, also asozialer Mann. Er flüchtet sich hinter das *Gesetz,* wenn er der Meinung ist, daß es ihm günstig ist, und er verrät es, wenn es ihm nützlich ist; einerseits leugnet er die formale Grenze des *Rings* und schlägt weiter auf einen Gegner ein, der legal durch die Seile geschützt wird, dann stellt er diese Grenze wieder her und verlangt den Schutz dessen, was er einen Augenblick zuvor nicht respektiert hat. Diese Inkonsequenz bringt das Publikum, viel stärker als Verrat oder Grausamkeit, außer sich: nicht in moralischer, sondern in logischer Hinsicht gekränkt, betrachtet es den Widerspruch der Argumente als den widerlichsten Fehler. Der verbotene Schlag wird erst irregulär, wenn er ein quantitatives Gleichgewicht zerbricht und die strenge Aufrechnung der Entschädigungen stört; das Publikum verdammt keineswegs die Überschreitung der blassen offiziellen Regeln, sondern die fehlende Rache, die fehlende Strafe. Daher ist für die Menge nichts erregender als der emphatische Fußtritt, der einem besiegten Schwein gegeben wird; die Freude am Strafen erreicht ihren Höhepunkt, wenn sie sich auf eine mathematische Rechtfertigung stützt, die Verachtung ist dann schrankenlos: Es handelt sich nicht mehr um ein »Schwein«, sondern um »eine Sau«, eine orale Geste äußerster Erniedrigung.

Eine so genaue Zweckbestimmtheit verlangt, daß der Catch exakt das sei, was das Publikum von ihm erwartet. Die Catcher verstehen es aufgrund ihrer großen Erfahrung, die spontanen Episoden des Kampfs genau in das Bild umzuleiten, das sich das Publikum von den großen wunderbaren Themen seiner Mythologie macht. Ein Catcher kann Ärger oder Abscheu erregen, niemals Enttäuschung, denn er vollführt durch eine zunehmende Verdichtung der Zeichen immer ganz und gar, was das Publikum von ihm erwartet. Im Catch existiert alles nur total, es gibt kein Symbol, keine Anspielung, alles ist erschöpfend angegeben; die Geste schneidet, indem sie nichts im dunkeln läßt, jeden parasitären Sinn ab und präsentiert dem Publikum eine reine und volle Bedeutung, rund wie eine *Natur*. Diese Emphase ist nichts anderes als das volkstümliche, überlieferte Bild der vollkommenen Verständlichkeit des Realen. Was im Catch gemimt wird, ist also ein ideales Verstehen der Dinge, eine Euphorie der Menschen, die eine Zeitspanne lang aus der für Alltagssituationen konstitutiven Mehrdeutigkeit herausgehoben und in eine panoramatische Sicht über eine eindeutige Natur eingesetzt werden, wo die Zeichen endlich den Ursachen entsprechen, ohne Hindernisse, ohne Verlust und ohne Widerspruch.

Wenn der Held oder das Schwein des Dramas, der Mann, der einige Minuten vorher zu sehen war, wie er von einer moralischen Raserei besessen und zu einer Art metaphysischen Zeichens vergrößert war, die Catch-Halle verläßt, unbewegt, anonym, einen kleinen Koffer in der Hand und am Arm seiner Frau, kann keiner bezweifeln, daß der Catch die Macht der Verwandlung besitzt, die dem *Schauspiel* und dem *Kult* eignet. Im *Ring* und am Grunde ihrer gewollten Schändlichkeit bleiben die Catcher Götter, weil sie, einige Augenblicke lang, der Schlüssel sind, der die Natur öffnet, die reine Geste, die das Gute vom Bösen trennt und das Antlitz einer endlich verständlichen *Gerechtigkeit* enthüllt.

EUGEN ROTH

Das Sprungbrett

Ein Mensch, den es nach Ruhm gelüstet,
Besteigt, mit großem Mut gerüstet,
Ein Sprungbrett – und man denkt, er liefe
Nun vor und spränge in die Tiefe,
Mit Doppelsalto und dergleichen
Der Menge Beifall zu erreichen.
Doch läßt er, angestaunt von vielen,
Zuerst einmal die Muskeln spielen,
Um dann erhaben vorzutreten,
Als gälts, die Sonne anzubeten.
Ergriffen schweigt das Publikum –
Doch er dreht sich gelassen um
Und steigt, fast möcht man sagen, heiter
Und vollbefriedigt von der Leiter.
Denn, wenn auch scheinbar nur entschlossen,
Hat er doch sehr viel Ruhm genossen,
Genau genommen schon den meisten –
Was soll er da erst noch was leisten?

UMBERTO ECO

Das Sportgerede

Es gibt etwas, das – selbst wenn sie es für notwendig hielte
– keine Studentenbewegung, Stadtrevolte, Fundamental
opposition oder wie immer jemals wird tun können. Nämlich sonntags ein Sportfeld zu stürmen.

Schon der Vorschlag klingt unseriös und absurd, man
versuche nur einmal, ihn spaßeshalber zu machen, und
man wird ausgelacht; man mache ihn ernsthaft, und man

gilt als Provokateur. Und dies nicht nur aus dem evidenten Grund, daß eine Studentenmenge schon mal die Jeeps einer Polizei mit Molotowcocktails angreifen kann, was dann schlimmstenfalls einige vierzig Tote kostet (zur Verteidigung der Gesetze, der nationalen Einheit, der Autorität des Staates), während der Angriff auf ein Sportstadion zweifellos ein Massaker auslösen würde, dem keiner der Angreifenden entkäme, ein wahl- und gnadenloses Gemetzel, angerichtet von biederen Bürgern, in Rage über den ungeheuerlichen Affront, um nichts Größeres zu verteidigen als jenes angetastete Höchste Recht – und daher bereit zur totalen Lynchjustiz.

Denn man kann eine Kathedrale besetzen, und als Ergebnis hat man einen protestierenden Bischof, ein paar verstörte Katholiken, ein Häufchen applaudierender Atheisten, die Linken schütteln milde den Kopf, und die Altliberalen sind (insgeheim) glücklich. Man kann die Zentrale einer Partei besetzen, und die anderen Parteien, ob solidarisch oder nicht, werden finden, daß es ihr recht geschieht. Doch wenn man ein Stadion besetzen würde, wäre, ganz abgesehen von den unmittelbaren Reaktionen, die Distanzierung total: Die Kirche, die Linke, die Rechte, der Staat, die Justiz, die Chinesen, die Liga für Ehescheidung und die Anarcho-Syndikalisten, alle würden die Wahnsinnstat an den Pranger stellen. Es gibt also eine Dunkelzone der kollektiven Gefühle, die niemand antasten darf, ob aus Überzeugung oder aus demagogischem Kalkül. Es gibt eine Tiefenstruktur des Sozialen, deren Zerfall jedes mögliche Assoziationsprinzip in die Krise brächte – und somit die Präsenz des Menschen auf Erden, zumindest wie er in den letzten zigtausend Jahren präsent war. Der Sport ist der Mensch, der Sport ist die Gesellschaft.

Doch wenn eine globale Revision unserer menschlichen Lebensverhältnisse ansteht, dringe sie vor bis zum Sport: An dieser tiefsten Wurzel wird sie die Inkonsistenz des Menschen als soziales Wesen enthüllen. Hier wird zutage treten, was am Verhältnis der Gesellschaftlichkeit nicht menschlich ist. Hier wird sich zeigen, wie mystifizierend der Klassische Humanismus ist, der auf der griechischen Anthropolalie beruht, die ihrerseits nicht auf der Kontemplation beruht, auch nicht auf dem Begriff der Polis oder dem Primat des tätigen Schaffens, sondern auf dem Sport als kalkulierter Verschwendung, als Problembemäntelung, als »Gerede« hoch *n*, potenziert zum Geräusch. Um es kurz zu sagen – wir werden das weiter unten erklären –, der Sport ist die größte Aberration und Verselbständigung der *phatischen* Rede und somit – im Grenzfall – die Negation *jeder* Rede, also der Anfang einer Enthumanisierung des Menschen, beziehungsweise die »humanistische« Erfindung eines im Ansatz mystifizierenden Menschenbildes.

Beherrschend in der sportlichen Aktivität ist die Idee der »Verschwendung«. Im Prinzip ist jede sportliche Handlung eine Verschwendung von Energien: Wenn ich einen Stein werfe, aus purem Vergnügen am Werfen, nicht um irgendein nützliches Ziel zu erreichen, verschwende ich Kalorien, die ich durch Nahrungsaufnahme akkumuliert habe, wozu mich eine geleistete Arbeit befähigt hat.

Nun ist diese Verschwendung – das sollte klar sein – etwas durchaus Gesundes. Sie ist die Verschwendung des Spiels. Und der Mensch hat, wie jedes Tier, ein sowohl physisches wie psychisches Spielbedürfnis. Es gibt also eine spielerische Verschwendung, auf die wir nicht verzichten können: Sie betreiben heißt frei sein, sich befreien von der Tyrannei der unentbehrlichen Arbeit. Wenn, während ich den Stein werfe, ein anderer neben mich tritt, um ihn noch weiter zu werfen, nimmt das Spiel die Form des »Wettkampfs« an. Auch er ist eine Verschwendung, sowohl von physischer Energie wie von Intelligenz, um Regeln für das Spiel aufzustellen, doch diese spielerische Verschwendung mündet in einen Gewinn. Rennen meliorieren die Rassen, Wettbewerbe entwickeln und kontrollieren das Konkurrenzverhalten, lenken die Uraggressivität in ein System und formen die rohe Kraft zur Intelligenz.

Doch bereits in diese Definition hat sich der Wurm ein-genistet, der das Spiel an den Wurzeln aushöhlt: Der Wettkampf diszipliniert und neutralisiert die Kräfte der Praxis. Er dämpft zwar übermäßigen Tatendrang, aber fak-tisch ist er ein Mechanismus zur Neutralisierung des Han-delns.

Aus diesem Kern von zwiespältiger Gesundheit (die nur bis zu einer gewissen Grenze »gesund« ist – so wie man am Übermaß jener unverzichtbaren und befreienden Übung sterben kann, die das Lachen ist, und Margutte zer-birst vor übertriebener Gesundheit) reifen die ersten Degenerationen des Wettkampfs – wie beispielsweise die Züchtung von menschlichen Wesen zu Wettkampf-zwecken. Der Athlet ist bereits ein Wesen, das ein einziges Organ hypertroph entwickelt hat, das seinen Körper zum exklusiven Sitz und Quell eines Dauerspiels macht. Der Athlet ist ein Monstrum, er ist der Lachende Mann[1], die Geisha mit den verstümmelten Füßen, zurechtgestutzt zur totalen Instrumentalisierung.

Doch der Athlet als Monstrum entsteht, wenn der Sport ins Quadrat gehoben wird, das heißt, wenn er aus dem persönlich und selber gespielten Spiel, das er war, zu einer Art Rede oder Diskurs über das Spiel wird, beziehungs-weise zu einem Schauspiel für andere und damit zu einem Spiel, das andere spielen und dem ich als Zuschauer bei-wohne. Der Sport hoch zwei ist das Sportspektakel.

Wenn der betriebene Sport gesund ist, so gesund wie die Nahrungsaufnahme, dann ist der *gesehene* Sport die Mystifizierung dieser Gesundheit. Wenn ich zusehe, wie andere spielen, tue ich nichts Gesundes und vergnüge mich lediglich vage an der Gesundheit anderer (was be-reits ein schaler Voyeurismus ist, als sähe ich zu, wie an-dere sich lieben); denn faktisch ziehe ich dann das größte Vergnügen aus den Unfällen derer, die da Gesundheits-übungen treiben, und somit aus der Krankheit, die diese

---

1 In dem Film *L'Uomo che ride* von Sergio Corbucci, 1965, nach Victor Hugos Roman *L'Homme qui rit*.

praktizierte Gesundheit untergräbt (als sähe ich zu, wie nicht zwei Menschen sich lieben, sondern zwei Bienen, in der Erwartung, den Tod der Drohne zu sehen).

Gewiß, wer zusieht, wie andere Sport treiben, regt sich beim Zusehen auf und schreit und zappelt und betreibt somit eine physisch-psychische Übung und baut Aggressionen ab und discipliniert Konkurrenzverhalten. Doch dieser Abbau wird nicht wie im praktizierten Sport durch einen Zuwachs an Energie und einen Erwerb von Selbstkontrolle und Selbstbeherrschung belohnt, denn während die Athleten immerhin noch im Spiel wetteifern, wetteifern die Voyeure im Ernst (und fallen dann wütend übereinander her oder sterben an Herzinfarkten).

Das Element der Disziplinierung des Konkurrenzverhaltens, das im betriebenen Sport noch die zwei Gesichter der Zunahme und des Verlusts von Menschlichkeit hatte, behält im Sportvoyeurismus nur noch das eine, das negative. Der Sport präsentiert sich hier wieder als das, was er immer schon war: *instrumentum regni,* Herrschaftsinstrument. Man weiß es und kennt es seit langem: Circenses halten die unkontrollierbaren Energien der Massen im Zaum.

Doch dieser Sport hoch zwei (auf den bereits Spekulationen und Märkte, Börsen und Transaktionen, Verkaufsstrategien und Konsumzwänge einwirken) generiert einen Sport hoch drei, nämlich das Reden über den Sport als Spektakel. Dieses Reden ist in erster Instanz die Rede der Sportpresse, aber es generiert seinerseits ein Reden *über* die Sportpresse, also einen Sport hoch *n.* Das Reden über die Rede der Sportpresse ist das Gerede über ein Reden über das Sehen des Sporttreibens anderer als einer Rede.

Der heutige Sport ist im wesentlichen das Reden über die Sportpresse (und die »Sportschau«, A. d. Ü.). Irgendwo hinter drei Trennscheiben gibt es noch den real betriebenen Sport, aber im Grenzfall brauchte er gar nicht mehr zu existieren. Angenommen, die Olympischen Spiele in Mexiko hätten, infolge teuflischer Machenschaften der Regierung und des Senators Brundage, im Bündnis mit allen Fernsehanstalten der Welt, in Wirklichkeit gar nicht stattgefunden, sondern wären nur Tag für Tag und Stunde für Stunde mit fiktiven Bildern fingiert worden, es hätte nichts am internationalen Sportsystem geändert, und auch die Sportdiskutierer würden sich nicht getäuscht fühlen. So gesehen gibt es den Sport als Praxis gar nicht mehr, oder es gibt ihn nur noch aus ökonomischen Gründen (weil es billiger ist, echte Athleten laufen zu lassen, als einen Film zu drehen mit Schauspielern, die Athleten spielen). Es gibt nur noch das Gerede über das Gerede über den Sport. Das Gerede über das Gerede der Sportpresse ist ein genau geregeltes Spiel, man höre nur einmal jene Sonntagvormittags-Radiosendungen, in denen so getan wird, als redeten ein paar Bürger über Sport, während sie beim Friseur sitzen (womit der Sport in die Potenz n^n gehoben wird). Oder man gehe hin und höre sich die Reden dort an, wo sie geführt werden.

Man wird entdecken, was im übrigen jeder schon weiß, daß die Bewertungen, die Abwägungen, die Argumente, die polemischen Spitzen, die Verleumdungen und die Triumphe einem verbalen Ritual folgen, das zwar komplexe Formen, aber einfache und präzise Regeln hat. In diesem Ritual entladen und neutralisieren sich die intellektuellen Energien – die physischen Energien sind nicht mehr im Spiel. Infolgedessen verlagert sich der Wettkampf auf die rein »politische« Ebene. Tatsächlich hat das Gerede über das Sportgerede alle Merkmale des politischen Redens (zumal des Stammtischpalavers): Man beredet, was die Regierenden hätten tun sollen, was sie getan haben, was man wünscht, daß sie täten, was geschehen ist und was geschehen wird – nur ist der Gegenstand nicht das Gemeinwesen (und die Korridore im Regierungspalast), sondern eben das Stadion mit seinen Kulissen. So ist dieses Gerede scheinbar die Parodie der politischen Diskussion, doch da sich in dieser Parodie alle Kräfte entladen und erschöpfen, die dem Bürger für die politische Diskussion zur Verfügung stehen, ist das Gerede in Wirklichkeit der *Ersatz*[2] der politischen Diskussion, ja, es wird selbst zur politischen Diskussion, da es ihren Platz so vollständig besetzt, daß ihr danach kein Raum mehr bleibt. Und da sich, wer über Sport diskutiert, wenn er nicht wenigstens das täte, möglicherweise bewußt würde, daß er ein gewisses Maß an brachliegender Urteilskraft, verbaler Aggressivität und politischer Streitlust hat, die er irgendwie nutzen sollte, überzeugt ihn das Sportgerede davon, daß er diese Energien zu einem bestimmten Zweck eingesetzt und verausgabt hat. Der Zweifel legt sich, der Sport erfüllt wieder seine Rolle als falsches Bewußtsein.

Da zudem das Gerede über den Sport beim Redenden die lllusion erzeugt, er sei am Sport interessiert, vermischt sich der Begriff des *Betreibens* von Sport mit dem des *Beredens* von Sport: Der Redende hält sich für sportlich und merkt überhaupt nicht mehr, daß er gar keinen Sport betreibt. Sowenig wie er noch merkt, daß er es gar nicht mehr könnte, da ihn die Arbeit, die er tut, wenn er nicht über Sport redet, viel zu sehr auslaugt, als daß er noch Kraft und Zeit zum Sporttreiben hätte.

Das Gerede, um das es hier geht, ist somit eben jenes, dessen Funktion Heidegger in *Sein und Zeit* behandelt hatte: »Das Gerede ist die Möglichkeit, alles zu verstehen ohne vorgängige Zueignung der Sache. Das Gerede behütet schon vor der Gefahr, bei einer solchen Zueignung zu scheitern. Das Gerede, das jeder aufraffen kann, entbindet nicht nur von der Aufgabe echten Verstehens, sondern bildet eine indifferente Verständlichkeit aus, der nichts mehr verschlossen ist ... Hierzu bedarf es nicht einer Absicht auf Täuschung. Das Gerede hat nicht die Seinsart des *bewußten Ausgebens* von etwas als etwas ... Das Gerede ist sonach von Hause aus, gemäß der ihm eigenen *Unterlassung* des Rückgangs auf den Boden des Beredeten, ein Verschließen.«[3]

---

2 Im Original deutsch.
3 Martin Heidegger, *Sein und Zeit*, 15. Aufl., Tübingen 1984, S. 169.

Gewiß, Heidegger dachte nicht an eine totale Negativität des Geredes: Das Gerede ist die alltägliche Weise, in der wir von der präexistenten Sprache gesprochen werden, statt sie uns zu Zwecken des Verstehens und Entdeckens herzurichten. Und es ist ein normales Verhalten. Doch dem Geredeten »liegt daran, daß es geredet wird«, und hier sind wir bei jener Funktion der Sprache, die für Jakobson die »phatische« oder Kontaktfunktion ist. Am Telefon (wenn wir mit »ja, nein, sicher, gut« antworten) oder auf der Straße (wenn wir jemanden mit »wie geht's« begrüßen, dessen Wohlergehen uns nicht interessiert, was er auch weiß, weshalb er nur knapp »gut, danke« erwidert) führen wir phatische Reden, die unentbehrlich sind, um eine Verbindung zwischen den Sprechenden herzustellen. Doch diese phatischen Reden sind eben deswegen unentbehrlich, weil sie uns die Möglichkeit zu weitergehender Kommunikation offenhalten, also zum Austausch anderer und substantiellerer Mitteilungen. Wenn ihre Funktion sich verselbständigt, haben wir einen Dauerkontakt ohne jede Botschaft – wie ein Radio, das angeschaltet, aber nicht eingestellt ist, so daß nur ein Grundrauschen und ein paar Krächzer ertönen, die uns zwar anzeigen, daß wir in einer gewissen Kommunikation mit irgendwas sind, aber aus denen wir nichts erfahren.

Das Gerede wäre somit die zum Selbstzweck gewordene phatische Rede. Aber das Sportgerede ist noch etwas mehr, nämlich eine phatische Dauerrede, die sich trügerisch als eine Rede über das Gemeinwesen und seine Ziele ausgibt.

Entstanden als Erhebung in die n-te Potenz jener anfänglichen (und vernünftigen) Energieverschwendung, die das sportliche Spiel einmal war, ist das Sportgerede nun die Verherrlichung der Verschwendung an sich und folglich der Gipfel des verselbständigten Konsums. Mit ihm und in ihm konsumiert der Mensch der Konsumgesellschaft sich selbst (und zugleich jede Möglichkeit einer Thematisierung und Beurteilung des Konsumzwangs, der ihm aufgedrängt und dem er unterworfen wird).

Als Ort der totalen Ignoranz konstituiert das Sportgerede den Bürger derart tiefgreifend, daß er in Grenzfällen (und die sind zahlreich) sich weigert, diese seine alltägliche Dauerbereitschaft zur leeren Diskussion zu diskutieren. Daher wäre kein politischer Aufruf imstande, Eindruck auf eine Praxis zu machen, die nichts anderes ist als die totale Verfälschung jeder politischen Disponibilität. Und darum hätte kein Revolutionär je den Mut, die Bereitschaft zum Sportgerede zu revolutionieren: Der Bürger würde den kritischen Einspruch entweder integrieren, indem er seine polemischen Spitzen in polemische Spitzen des Sportgeredes verwandelt, oder ihn rundweg ablehnen, voller verzweifeltem Mißtrauen gegen den Einbruch der Vernunft in seine ach so vernünftige Anwendung höchst vernünftiger Rederegeln.

Darum sind die Studenten in Mexico City umsonst gestorben, als sie gegen die Olympischen Spiele protestierten. Und darum erschien es vernünftig, als ein italienischer Sportler nobel erklärte: »Wenn sie noch mehr umbringen, springe ich nicht.« Doch wie viele sie noch hätten umbringen müssen, um ihn am Springen zu hindern, ist nicht festgelegt worden. Daß, wenn er dann nicht gesprungen wäre, es den anderen genügt hätte, zu bereden, was passiert wäre, wenn er gesprungen wäre.

»Das Publikum ist immer schlauer als der Kämpfer.«

»Das Böse hat viele Gesichter, das Gute meist nur einen Knackarsch. […] Die Akteure sind echt, die Schmerzen nicht. Oder doch?«   *Cornelia Heim, Publizistin, über Catchen*

»Allerdings ist der Gegensatz zwischen Üben und Vorführen nirgendwo so extrem wie im Eiskunstlauf. Das mühsam Erlernte soll leicht und lächelnd dargeboten werden. Der Schein muß trügen.«   *Detlef Hacke, Sportjournalist*

Uli Hoeneß, Manager des FC Bayern München, zu Jürgen Klins-
mann, der beklagte, daß vor lauter Show der Sport vergessen
werde:
»Der Jürgen muß vorsichtig sein. Wenn er morgen bereit ist, für
die Hälfte zu spielen, dann machen wir die Show etwas kleiner.
Er muß verstehen, daß mindestens 50 Prozent seines Gehalts aus
der Show kommen, nicht mehr aus seinen Toren.«

»Daß wir Millionäre sind, heißt nicht, daß wir Sklaven sind.«
Walter Zenga, Torhüter von Inter Mailand

VII Sport ist sinnlos

»Da guckt man vor dem Sprung doch hoch, ob überhaupt eine Latte oben ist!«

GREGOR LAND
Der Sport und die Langeweile

Die Beschäftigung des Kulturmenschen mit Sport ist im Grunde genommen ein Ersatz für das Leben in der Natur. Doch ist die Natur von allem, was existiert, das Primitivste; der Sport vervollkommnet, rationalisiert ihren Einfluß auf den menschlichen Körper. Erst durch künstliches Training entsteht der normale Mensch; der natürliche Mensch weicht fast immer ab von der Norm – zuweilen ins Mißgestaltete und Monströse.

Die Gefahr der Rationalisierung liegt darin, daß sie kein Maß, keine Grenzen kennt. Das hat sich doch auch an so mancher modernen Industrie gezeigt, die so vollkommen rationalisiert wurde, daß sie nur noch mit Verlusten arbeitet … So steht es auch um den Sport: mancher Sportler ist so hoch trainiert, daß er – trotz unerhörter Spitzenleistungen auf seinem Gebiet – in jeder anderen Hinsicht ein jämmerlicher Krüppel ist. Muskelentartung, Herzschwäche, erotisches Versagen, Rückbildung des Geistes stehen am Ende des Weges. Die maßlose Rationalisierung der Gesundheit schlägt ins Pathologische um.

An sich wäre es ja nicht unmöglich, hier Maß zu halten, doch wirken dem sowohl das Wesen des Sports als die Natur des Menschen entgegen. In jeder zweckhaften Tätigkeit findet die Anstrengung in dem Zweck selbst ihre Begrenzung: wer Holz hackt, gibt genau so viel von seiner Kraft her, als nötig ist, um das Holzscheit zu spalten – nicht mehr und nicht weniger. Anders im Sport. Warum sich damit begnügen, eine Strecke in 20 Sekunden zu durchlaufen, wenn es vielleicht schon in 19 1/2 Sekunden möglich ist? Warum sich mit einem Dauerflug von 36 und nicht etwa von 54 oder 72 Tagen zufriedengeben? Da der Sport zwecklos ist, sind ihm keine Schranken gesetzt. So entspringt die Jagd nach dem Rekord seinem eigentlichen Wesen.

Dem kommt die Natur des Menschen entgegen, mit seiner unersättlichen Eitelkeit, mit seinem Drang, immer der Erste zu sein, immer den andern auszustechen; es ist für ihn ein gesteigertes Lustgefühl, sich einen Lorbeerkranz aufzusetzen, wenn dieser einem anderen vom Kopf gerissen wurde; wenn nicht der Kopfhaut, so doch der Siegestrophäe des Feindes sich zu bemächtigen. Die Meisterschaft erringen! Das Streben nach der Höchstleistung verschmilzt mit der Sehnsucht nach dem Meisterschaftstitel.

Diese Leidenschaft braucht durchaus nicht immer aufs Ganze und Höchste zu gehen. Der Sportgattungen sind viele. Jeder geschlagene Rekord, und sei die Aufgabe noch so kümmerlich, verleiht ein angenehmes Gefühl von Überlegenheit. Wenn man es auch nicht bis zur Weltmeisterschaft bringen kann, vielleicht gelingt es, die Meisterschaft eines Landes, einer Stadt oder nur eines Vereins zu erringen. Und da es der Vereine unzählige gibt, so geht auch die Zahl von Inhabern einer Meisterschaft ins Ungemessene. Theoretisch könnte nahezu jeder Mensch irgendwo Meister von irgend etwas werden. Dies wäre dann der einzige Fall der Verschmelzung des aristokratischen Prinzips mit der Demokratie: jeder wäre der Erste.

Wenn auch das Ideal der allgemeinen Priorität noch nicht erreicht ist – schon jetzt beschäftigt der Sport zahllose Menschen, verschlingt eine Unmenge von Mühe und Zeit, ruft neue Berufe, neue Industriezweige ins Leben. Die Sportindustrie ist nahe daran, die Film- oder die Naphtaindustrie zu überflügeln, sie ist gegen verheerende Krisen widerstandsfähiger als manche andere. Wie der Amateur sich zum Professional entwickelt, so wird der Sport zu einer Grundlage der Wirtschaft.

Das Wichtigste von allem ist aber die Menge von Zeit, die der Sport der Menschheit abnimmt. Daß die Menschen viel zu viel Zeit haben, ist eine ihrer schwersten Heimsuchungen. Hunger, Liebe und Langeweile – Mangel an Liebe, Überfluß an Zeit –: das sind die Triebkräfte der Menschheitsgeschichte. Die Zeit totzuschlagen: ist die ewige Sorge des Menschengeschlechts. Sonst wäre ja auch manches in unseren Tagen unbegreiflich, zum Beispiel die zahllosen talent- und geistesarmen Unterhaltungsromane, die von so vielen gelesen werden, die kitschigen albernen Filme, der unsäglich öde Geselligkeitsbetrieb, das Kartenspielen und Patiencenlegen; unbegreiflich wäre die Existenz vieler Menschen, unbegreiflich auch die Verbreitung des Sports.

Gewiß, im modernen Kulturleben verfügen lange nicht die meisten über überflüssige Zeit; für so manchen ist der Tag zu kurz für sein Tagewerk. Doch die tiefste Sehnsucht auch dieser Menschen geht dahin, einmal zwecklos freie Zeit zu haben. Denn, sei es als Wirklichkeit oder als Sehnsucht, die Zeit, mit der man nichts anzufangen weiß, die potentielle Langeweile, ist die Voraussetzung aller menschlichen Glückseligkeit. Da man aber nun einmal irgend etwas mit der freien Zelt anfangen muß, greift die Menschheit, wie nach einem Rettungsanker, nach jedem Mittel, sie zu töten.

Hier kommt der Sport als Erlöser. Er gibt Gelegenheit zu rastloser Betriebsamkeit, zu ständigem geschäftigem Hin und Her; man strengt sich an, man trainiert, man stellt Spielregeln auf, man hält sie ein, man kontrolliert deren Einhaltung, man siegt, man erlebt Niederlagen, man wird zu Ruhm und Glanz emporgetragen, man stürzt in die Tiefe – kurzum, man gibt sich mit tiefem Ernst einer unermüdlichen Tätigkeit hin, als wäre sie von echtem lebendigem Sinn erfüllt; in Wirklichkeit ist sie vollkommen sinnlos. Und darin liegt eben ihr eigentlicher Sinn: Denn der Sport, der keinen direkten Zweck verfolgt und keine unmittelbaren Werte schafft, steht außerhalb des pflichtmäßigen menschlichen Tuns; dadurch aber, daß er spielerisch den Ernst des Existenzkampfes nachahmt, erfüllt er in erfolgreichster Weise seine zeittötende Aufgabe.

Es wird eine Zeit kommen, da die fortschreitende Menschheit das Problem des Hungers gelöst haben wird; wenige Stunden hoch rationalisierter Arbeit werden dann genügen, den Lebensbedarf zu sichern. Es wird eine Zeit kommen, da die Menschheit, nachsichtig und weitherzig geworden, mit Liebe übersättigt sein wird. Was dann übrigbleibt, ist die triumphierende Langeweile. Die ins Unermeßliche gewachsene Langeweile und der ungebrochene Eitelkeitstrieb in der Seele des immer naturfremder werdenden Menschen ... Dann erst wird sich der Sport, der Ersatz des Lebens in der Natur, der Erlöser von der Langenweile, in seiner ganzen Größe offenbaren. Er wird zum Ritual werden.

WALTER MEHRING

6 Tage Rennen

Hart
Am Start
Die Muskeln auf der Lauer
Zweimalhunderttausend
Augen:
Saugt sich fest die Menschenmauer
Arche Noah voll Gedränge!
Fest
Gepreßt die Schenkel ans Gestänge
Nackt und bloß –
Und Revolver Herr und Frack
Blitz und Schlag
Los –
Getreten treten treten
Hirne am Pedal!
Stahl
Und Reifen
Greifen frisches Holz der Kurve
Sirrend knirschend –
Wo einst Wälder ...

Nur einen Atemzug
Pneumatiks vollgepumpt!
Durch Wälder pirschend grün vermummt …
Wo Glocken läuten: Beten
Beten Beten – Treten Treten
Wo zur Ruhe die
Starterglocke!
– Immer dieser Herr im Frack –
Wo zur Ruh
Die Fahrer kreisen
Kreisen kreisen
Großer Zeiger!
Wozu … Wozu …
Glocke Start der erste Tag!

Aus der Koje
Schläfrig schlingernd
Matt am Rad!
Die Schläfen fingernd
– Eben träumend noch von Meeren, Möwen, Boje!
Salzig! –
Reckt der Hals sich
In den ewgen Kreislauf eingetreten
Treten Treten
Heißgelaufen
Kreisen ist der Lauf der Zeit
Mit den Zeiten um die Wette
Rund ums Rund der Radlerkette
Und Sekunde vor Sekunde rückt der Zeigefinger
Weiter –
Vor –
Stoß!
Losgetreten treten treten!
Und Sekunden
Überrunden!
Angesetzt!
Musik setzt an!
Musik Musik

Sieg! Sieg!
»Wo zur Ruh«
Mit Paukenschlag
365 Tage
Pumpt sich der Pneumatik Herz
Voll mit Plage voll mit Schmerz
Des Blutes Kreislauf!
Kreislauf:
Immer wieder Herr im Frack …
Kreis! Lauf!
Aufhören!
Der zweite Tag!

Ohne Ende!
»Spende der kleinen Amalie«
365 Francs. Der Preis
Einer Nacht! Die Kanallje
Hat Durst auf Schweiß!
Prost!
Losgetreten! Überrunden!
Das Geld ist gefunden
Ein Fressen!
Diese Amalie
Hoch zu Rad
Möcht ich zwischen die Schenkel pressen
Rund und glatt!
Rund ins Rund um jede Rundung
Radlerheil und Volksgesundung!
Mein Nebenmann
Zieht an durchs Ziel! Zu Ende!
Der Pöbel zerklatscht die Hände
Das Pack
Sauft Sekt
Weißt du, wie Amalie schmeckt …
Immer wieder der Herr im Frack –
Der dritte Tag!

Da kreisen sie wieder!
Einer hinter dem andern
Wandern
Die Zeiger den ewigen Trott –
Wandern Kreisen Treten!
Beten:
Deinen Eintritt segne Gott ...
Treten immer die Pedale
Jimmy – Internationale
Die alten Lieder!
Das Publikum stinkt zum Himmel
Einer hat die Bartflechte Einer säuft Kümmel
Diesem Gewimmel von Warzenkröten
Möchte man vor die Pedale treten!
Diese Bäuche
Diese aufgepumpten Fahrradschläuche
Treten Treten Schlag für Schlag!
Der vierte Tag!

Und der fünfte Tag
Schieber und Lumpen
Zahlen Preise, daß wir das Hirn leerpumpen
In 365 Tagen
Muß das Blut durch die Kurven jagen
Durch jede Faser Durch jede Windung
Den ewigen Kreis
Einer bekam schon Gehirnhautentzündung
Sein Hirn lief sich heiß
Und einer muß auf dem Magen
Einen Eisbeutel tragen
Zur Kühlung! Wie wohl ein Wald
Kühlen mag? ...
Der fünfte Tag!

6
Tage
Rennen!
Brennend liegt das Hirn auf der Lauer

6 × zweihunderttausend Augen:
saugt sich fest die Menschenmauer!
6 × zweihundert und tausend!
Brausend
Aus den Nüstern schnaubend
Atemraubend
Uns den Atem raubend!
Pestend Schweiß!
Heiß und bloß
Los –
Getreten treten treten
Musik Musik
Treten Treten wie zum Beten
Musik Musik
Räder greifen
Ineinander
Aneinander!
Reifen
Knirscht am frischen Holz
Schießt Kobolz
Und ineinander
Aneinander
Räder! Räder!
Nur noch Räder!
Feste! Feste
Zieht vom Leder
Preßt die Schenkel
Rund ins Rund um jede Rundung
Jede Stunde Jede Windung
Hirn an Hirn
Ins Hirn gerädert!
Und die Stunde
Wird zergliedert
Zur Sekunde
Und zerhackt
Im Takt der Runde
Hart
Am Start

Die Hirne brennen
In dem Kreislauf
Freilauf
Endlos
Los
Auf und davon
6
Tage
Rennen!

EGON ERWIN KISCH

Elliptische Tretmühle

Zum zehnten Male, Jubiläum also, wütet im Sportpalast in der Potsdamer Straße das Sechstagerennen. Dreizehn Rad-rennfahrer, jeder zu einem Paar gehörend, begannen am Freitag um neun Uhr abends die Pedale zu treten, sieben-tausend Menschen nahmen ihre teuer bezahlten Plätze ein, und seither tobt Tag und Nacht, Nacht und Tag das wahnwitzige Karussell. An die siebenhundert Kilometer legen die Fahrer binnen vierundzwanzig Stunden zurück, man hofft, sie werden den Weltrekord drücken, jenen historischen Weltrekord, als in sechs nächtelosen Tagen von 1914 zu Berlin die Kleinigkeit von 4260,960 Kilome-tern zurückgelegt wurde, worauf der Weltkrieg ausbrach.

Sechs Tage und sechs Nächte lang schauen die dreizehn Fahrer nicht nach rechts und nicht nach links, sondern nur nach vorn, sie streben vorwärts, aber sie sind immer auf dem gleichen Fleck, immer in dem Oval der Renn-bahn, auf den Längsseiten oder auf den fast senkrecht auf-steigenden Kurven, unheimlich übereinander, manchmal an der Spitze des Schwarmes, manchmal an der Queue und manchmal – und dann brüllt das Publikum: »Hipp, hipp!« – um einige Meter weiter; wenn aber einer eine

Runde oder zwei voraushat, ist er wieder dort, wo er war, er klebt wieder in dem Schwarm der dreizehn. So bleiben alle auf demselben Platz, während sie vorwärtshasten, während sie in rasanter Geschwindigkeit Strecken zurücklegen, die ebenso lang sind wie die Diagonalen Europas, wie von Konstantinopel nach London und von Madrid nach Moskau. Aber sie kriegen keinen Bosporus zu sehen und keinen Lloyd George, keinen Escorial und keinen Lenin, nichts von einem Harem und nichts von einer Lady, die auf der Rotten Row im Hyde Park reitet, und keine Carmen, die einen Don José verführt, und keine Sozialistin mit kurzem schwarzem Haar und Marxens »Lehre vom Mehrwert« im Paletot. Sie bleiben auf derselben Stelle, im selben Rund, bei denselben Menschen – ein todernstes, mörderisches Ringelspiel. Und wenn es zu Ende, die hundertvierundvierzigste Stunde abgeläutet ist, dann hat der erste, der, dem Delirium tremens nahe, lallend vom Rade sinkt, den Sieg erfochten, ein Beispiel der Ertüchtigung.

Sechs Tage und sechs Nächte drücken dreizehn Paar Beine auf die Pedale, das rechte Bein auf das rechte Pedal, das linke Bein auf das linke Pedal, sind dreizehn Rücken abwärts gebogen, während der Kopf ununterbrochen nickt, einmal nach rechts, einmal nach links, je nachdem, welcher Fuß gerade tritt, und dreizehn Paar Hände tun nichts als die Lenkstange halten; manchmal holt ein Fahrer unter dem Sitz eine Flasche Limonade hervor und führt sie an den Mund, ohne mit dem Treten aufzuhören, rechts, links, rechts, links. Ihre dreizehn Partner liegen inzwischen erschöpft in unterirdischen Boxen und werden massiert. Sechs Tage und sechs Nächte. Draußen schleppen Austrägerinnen die Morgenblätter aus der Expedition, fahren die ersten Waggons der Straßenbahnen aus der Remise, Arbeiter gehen in die Fabriken, ein Ehemann gibt der jungen Frau den Morgenkuß, ein Polizist löst den anderen an der Straßenecke ab, ins Café kommen Gäste, jemand überlegt, ob er heute die grau-schwarz gestreifte Krawatte umbinden soll oder die braun gestrickte, der

Dollar steigt, ein Verbrecher entschließt sich endlich zum Geständnis, eine Mutter prügelt ihren Knaben, Schreibmaschinen klappern, Fabriksirenen tuten die Mittagspause, im Deutschen Theater wird ein Stück von Georg Kaiser gegeben, das beim Sechstagerennen spielt, der Kellner bringt das Beefsteak nicht, ein Chef entläßt einen Angestellten, der vier Kinder hat, vor der Kinokasse drängen sich hundert Menschen, ein Lebegreis verführt ein Mädchen, eine Dame läßt sich das Haar färben, ein Schuljunge macht seine Rechenaufgaben, im Reichstag gibt es Sturmszenen, in den Sälen der Philharmonie ein indisches Fest, in den Häusern sitzen Leute auf dem Klosett und lesen die Zeitung, jemand träumt, bloß mit Hemd und Unterhose bekleidet in einen Ballsaal geraten zu sein, ein Gymnasiast kann nicht schlafen, denn er wird morgen den pythagoräischen Lehrsatz nicht beweisen können, ein Arzt amputiert ein Bein, Menschen werden geboren und Menschen sterben, eine Knospe erblüht und eine Blüte verwelkt, ein Stern fällt und ein Fassadenkletterer steigt eine Häuserwand hinauf, die Sonne leuchtet und Rekruten lernen schießen, es donnert und Bankdirektoren amtieren, im Zoologischen Garten werden Raubtiere gefüttert und eine Hochzeit findet statt, der Mond strahlt und die Botschafterkonferenz faßt Beschlüsse, ein Mühlenrad klappert und Unschuldige sitzen im Kerker, der Mensch ist gut und der Mensch ist schlecht – während die dreizehn, ihren Hintern auf ein sphärisches Dreieck aus Leder gepreßt, unausgesetzt rundherumfahren, unaufhörlich rundherum, immerfort mit kahlgeschorenem Kopf und behaarten Beinen nicken, rechts, links, rechts, links.

Gleichmäßig dreht sich die Erde, um von der Sonne Licht zu empfangen, gleichmäßig dreht sich der Mond, um der Erde Nachtlicht zu sein, gleichmäßig drehen sich die Räder, um Werte zu schaffen – nur der Mensch dreht sich sinnlos und unregelmäßig beschleunigt in seiner willkürlichen, vollkommen willkürlichen Ekliptik um nichts, sechs Tage und sechs Nächte lang. Der Autor von Sonne, Erde, Mond und Mensch schaut aus seinem himmlischen Atelier herab auf das Glanzstück seines Œuvres, auf sein beabsichtigtes Selbstporträt, und stellt fest, daß der Mensch – so lange, wie die Herstellung des Weltalls dauerte – einhertritt auf der eignen Spur, rechts, links, rechts, links – Gott denkt, aber der Mensch lenkt, lenkt unaufhörlich im gleichen Rund, wurmwärts geneigt das Rückgrat und den Kopf, um so wütender angestrengt, je schwächer seine Kräfte werden, und am wütendsten am Geburtstage, dem sechsten der Schöpfung, da des Amokfahrers Organismus zu Ende ist und, hipp, hipp, der Endspurt beginnt. Das hat Poe nicht auszudenken vermocht: daß am Rand seines fürchterlichen Mahlstroms eine angenehm erregte Zuschauermenge steht, die die vernichtende Rotation mit Rufen anfeuert, mit hipp-hipp! Hier geschieht es, und hier erzeugen sich zweimal dreizehn Opfer den Mahlstrom selbst, auf dem sie in den Orkus fahren.

Ein Inquisitor, der solche Tortur, etwa »elliptische Tretmühle« benamst, ausgeheckt hätte, wäre im finstersten Mittelalter selbst aufs Rad geflochten worden – ach, auf welch ein altfränkisches, idyllisches Einrad! Aber im zwanzigsten Jahrhundert muß es Sechstagerennen geben. *Muß!* Denn das Volk verlangt es. Die Rennbahn mit den dreizehn strampelnden Trikots ist Manometerskala einer Menschheit, die mit Wünschen nach äußerlichen Sensationen geheizt ist, mit dem ekstatischen Willen zum Protest gegen Zweckhaftigkeit und Mechanisierung. Und dieser Protest erhebt sich mit der gleichen fanatischen Sinnlosigkeit wie der Erwerbsbetrieb, gegen den er gerichtet ist. Preise werden gestiftet, zum Beispiel zehn Dollar für die ersten in den nächsten zehn Runden. Ein heiserer Mann mit dem Megaphon ruft es aus, sich mit unfreiwillig komischen, steifen Bewegungen nach allen Seiten drehend, und nennt den Namen des Mäzens, der fast immer ein Operettenkomponist, ein Likörstubenbesitzer oder ein Filmfabrikant ist oder jemand, auf dessen Ergreifung eine Prämie ausgesetzt werden sollte. Ein Pistolenschuß knallt, es beginnt der Kampf im Kampfe, hipp, hipp, die dreizehn sichtbar pochenden Herzen pochen noch sichtbarer, Beine treten noch schneller, rechts, links, rechts, links, Gebrüll des Publikums wird hypertrophisch, hipp, hipp, man glaubt in einem Pavillon für Tobsüchtige zu sein, ja beinahe in einem Parlament, der geschlossene Schwarm der Fahrer zerreißt. Ist es ein Unfall, wenn der Holländer Vermeer in der zweiten Nacht in steiler Parabel vom Rad saust, mitten ins Publikum? Nein: out. Ändert es etwas, daß Tietz liegenbleibt? Nein, es ändert nichts, wenn die Roulettkugel aus dem Spiel schnellt. Man nimmt eine andere. Wenn einer den Rekord bricht, so wirst du Beifall brüllen, wenn einer den Hals bricht – was geht's dich an? Hm, ein Zwischenfall. Oskar Tietz war Outsider vom Start an. Das Rennen dauert fort. Die lebenden Roulettbälle rollen. »Hipp, Huschke! Los, Adolf!« – »Gib ihm Saures!« – »Schiebung!!«

Von morgens bis mitternachts ist das Haus voll, und von mitternachts bis morgens ist der Betrieb noch toller. Eine Brücke überwölbt hoch die Rennbahn und führt in den Innenraum; die Brückenmaut beträgt zweihundert Mark pro Person. Im Innenraum sind zwei Bars mit Jazzbands, ein Glas Champagner kostet dreitausend Papiermark, eine Flasche zwanzigtausend Papiermark. Nackte Damen in Abendtoilette sitzen da, Verbrecher im Berufsanzug (Frack und Ballschuhe), Chauffeure, Neger, Ausländer, Offiziere und Juden. Man stiftet Preise. Wenn der Spurt vorbei ist, verwendet man die Aufmerksamkeit nicht mehr auf die Kurve, sondern auf die Nachbarin, die auch eine bildet. Sie lehnt sich in schöner Pose an die Barriere, die Kavaliere schauen ins Dekolleté rechts, links, rechts, links. Das Sechstagerennen des Nachtlebens ist es. Im Parkett und auf den Tribünen drängt sich das werktätige Volk von Berlin, Deutschvölkische, Sozialdemokraten, rechts, links, rechts, links, alle Plätze des Sportpalastes sind seit vierzehn Tagen ausverkauft, Logen und Galerien lückenlos besetzt, rechts, links, rechts, links, Bezirke im Norden und Süden müssen entvölkert sein, Häuser leer stehen, oben und unten, rechts und links.

Und mehr als die Hälfte der Plätze sind von Besessenen

besessen, die – die Statistik stellt es triumphierend fest –
vom Start bis zum Finish der Fahrer in der hundertvier-
undvierzigsten Stunde ausharren. In Berliner Sportkrei-
sen ist es bekannt, daß sogar die unglücklichen Ehen
durch die Institution der Six Days gemildert sind. Der Pan-
toffelheld kann sechs Tage und sechs Nächte von daheim
fortbleiben, unkontrolliert und ohne eine Gardinenpre-
digt fürchten zu müssen. Selbst der eifersüchtigste Gatte
läßt seine Frau ein halbes Dutzend Tage und Nächte un-
beargwöhnt und unbewacht; sie kann gehen, wohin sie
will, rechts, links, rechts, links, ruhig bei ihrem Freunde
essen, trinken und schlafen, denn der Gatte ist mit Leib
und Seele beim Sechstagerennen. Von dort rühren sich die
Zuschauer nicht weg, ob sie nun Urlaub vom Chef erhalten oder sich im Geschäft krank gemeldet, ob sie ihren
Laden zugesperrt oder die Abwicklung der Geschäfte den
Angestellten überlassen haben, ob sie es versäumen, die
Kunden zu besuchen, ob sie streiken oder ohnedies ar-
beitslos sind. Es gehört zur Ausnahme, daß ihr Vergnügen
vorzeitig unterbrochen wird, wie zum Beispiel das des
sportfreudigen Herrn Wilhelm Hahnke, aus dem Hause
Nr. 139 der Schönhauser Straße. Am dritten Renntage
verkündete nämlich der Sprecher durch das Megaphon,
rechts, links, rechts, links, den siebentausend Zuschauern:
»Herr Wilhelm Hahnke, Schönhauser Straße 139, soll
nach Hause kommen, seine Frau ist gestorben!«

GÜNTER KUNERT

Rennfahrer

Wenn der Wagen anrollt, aufheult, über die Straßen her-
fällt, sie unter sich zu zwingen, sie zu verschlingen und
hinter sich zu lassen als schrumpfende, hinter dem Heck
schneller und schneller versinkende Asphaltspur, erhebt

es den Fahrer in einen merkwürdigen Zustand: ein kalter, nüchterner und scharfer Rausch, der den Körper hinter der Maschine zittern macht: vor Lust und dem Gift, das in ihr steckt, dem Tropfen Angst. Und wäre ohne diesen Tropfen schal. Und gleicht der andern Lust, die Mann zu Weib treibt, weil auch diese auf nichts weiter zielt als sich selber und auf sonst nichts, nichts mehr. Der Fahrer rast nicht gen Irgendwo, weil er da wichtige Geschäfte hat, weil ihn dort etwas braucht und ruft, er fährt nur, um zu fahren.

Die Landschaft rauscht vorbei. In der Ferne die Berge währen länger im Blick als alles Nahe, Buschhafte, Blättrige, Baumige, das, kaum aufgetaucht, sogleich zurückbleibt.

Plötzlich ein helles Bauwerk. Vielleicht lüde es ein, darin zu hausen, gemächlich aus einem Fenster auf den kriechenden Fluß zu schauen, läge es nicht bereits wieder im Rücken des Fahrers und eingeschmolzen in die Natur, aus der es kurz nur trat. Menschen fliegen vorüber; unkenntlich, wer und was für welche. So das Gesicht einer Frau, ungewiß, ob jung, ob dunkeläugig; vorüber schon im selben Tempo wie die Minuten, die Stunden.

Wo die Fahrt endet, ist ein weißer Streifen über den Beton gemalt, steht auf einem ausgespannten Tuch die kleine Lüge: ZIEL. Der Wagen rollt aus, der Fahrer hält an, hinter den Augäpfeln noch die sich überdeckenden Bilder der Fahrt. Von Helfern aus dem Wagen gehoben, geht er schwankend fort. Nirgendwo angekommen, nicht mehr unterwegs, betäubt von der übergroßen Dosis Erleben, bleibt er sich selber unverständlich und sein Tun ihm unbegreifbar.

RICHARD DEHMEL

Radlers Seligkeit

Wer niemals fühlte per Pedal,
dem ist die Welt ein Jammertal!
Ich radle, radle, radle.

Wie herrlich lang war die Chaussee!
Gleich kommt das achte Feld voll Klee.
Ich radle, radle, radle.

Herrgott, wie groß ist die Natur!
Noch siebzehn Kilometer nur.
Ich radle, radle, radle.

Einst suchte man im Pilgerkleid
Den Weg zur ewigen Seligkeit.
Ich radle, radle, radle.

So kann man einfach an den Zehn
den Fortschritt des Jahrhunderts sehn.
Ich radle, radle, radle.

Noch Joethe machte das zu Fuß,
und Schiller ritt den Pegasus.
Ich radle, radle, radle.

JOACHIM RINGELNATZ

Ruf zum Sport

Auf, ihr steifen und verdorrten
Leute aus Büros,
Reißt euch mal zum Wintersporten
Von den Öfen los.

Bleiches Volk an Wirtshaustischen,
Stellt die Gläser fort.
Widme dich dem freien, frischen,
Frohen Wintersport.

Denn er führt ins lodenfreie
Gletscherfexlertum
Und bedeckt uns nach der Reihe
All mit Schnee und Ruhm.

Doch nicht nur der Sport im Winter,
Jeder Sport ist plus,
Und mit etwas Geist dahinter
Wird er zum Genuß.

Sport macht Schwache selbstbewußter,
Dicke dünn, und macht
Dünne hinterher robuster,
Gleichsam über Nacht.

Sport stärkt Arme, Rumpf und Beine,
Kürzt die öde Zeit,
Und er schützt uns durch Vereine
Vor der Einsamkeit,

Nimmt den Lungen die verbrauchte
Luft, gibt Appetit;
Was uns wieder ins verrauchte
Treue Wirtshaus zieht.

Wo man dann die sporttrainierten
Muskeln trotzig hebt
Und fortan in Illustrierten
Blättern weiterlebt.

GERALD JATZEK
Abgang einer Turnerin
Chanson

Schon wenn ich in die Mehrzweckhalle tripple,
(denn vierunddreißig Kilo schreiten nicht)
beginnt der Kampf mit einem frischfrommfreien
Grüß Gott und einem tiefen Knicks fürs Kampfgericht
auf seinem hohen Thron.
Das nennt man Pflicht.
Das Goldkind der Nation
hat kein Gesicht.

Wenn ich am Schwebebalken Räder schlage,
(Verdammt! Der Muskelriß ist noch nicht ausgeheilt.)
kann ich die dünnen Beinchen noch so spreizen,
die Presse schreibt von meiner Elfenhaftigkeit.
Kein Wort von dem Hormon,
das meine Regel schwächt.
Das Goldkind der Nation
hat kein Geschlecht.

Wenn ich am Hochreck auf den Händen stehe,
sieht jeder einen Gnom, in ein Trikot gehüllt.
Die Angst, die stärker auf die Muskeln preßt, merkt keiner
die Angst vorm Fall, neun Jahre lang ins Fleisch gebrüllt
Neun Jahre Trainingsfron
und nie gelacht.
Das Goldkind der Nation
will heute Nacht
die Trainer und die Richter,
das Funktionärsgelichter,
die Ärzte, die verdammten
Bundesbeamten
übers Hochreck taumeln,
von den Ringen baumeln sehen,
nicht auf einem Treppchen stehen,
sich einfach fallen lassen.
Hassen.

Am Ende blieb nur Bitterkeit

Horst Vetten war einer der wenigen Sportjournalisten, die in Nurmis letzten Lebensjahren von ihm zu einem Gespräch eingeladen wurden. Er traf auf einen verbitterten alten Mann, der mit seinem Schicksal haderte: ein halbtauber, halbblinder und halbgelähmter Greis, der zum Pflegefall geworden war. »Alle Ärzte möchte ich tausendmal ermorden, Auge um Auge, ganz langsam. Ja, ich bin bitter geworden. Die Taubheit wäre zu ertragen, die Lähmung auch. Das Schlimmste ist die Blindheit … Aber im Rollstuhl würde ich nicht weiterleben.« Wie versteinert im Groll auf sein Schicksal saß der alte Mann in seiner Wohnung in Helsinki und antwortete wutentbrannt auf die Frage, welchen Sinn sein Leben gehabt habe: »Gar keinen, ich war ein idiotischer Nichtsmacher. Sport ist Humbug. Medaillen sind nichts wert. Olympia ist Zirkus für Dreißigjährige. Einen Sinn hat nur die Kunst, die Wissenschaft, die Medizin … Sinn hat nur, was Jahrhunderte hält. Sport hält nicht.« Und Geld? »Geld, Geld, mein ganzes Geld gäbe ich für Gesundheit. Mein Geld habe ich nicht mit den Füßen, sondern mit dem Kopf verdient.«

In der Nacht zum 2. Oktober 1973 starb Paavo Nurmi in Helsinki. Der große alte Mann des Laufsports soll einen sanften Tod gestorben sein.

»Man könnte meinen, der ganze Leistungssport sei an Leib und Seele krank, weil zu jeder Mannschaft ein halbes Dutzend Physiotherapeuten gehören und trotzdem alle Trainer über Ausfälle jammern, frisches Personal fordern und Rumpfmannschaften aufstellen, lauter letzte Aufgebote.« *Dirk Schümer, Publizist*

MANFRED CHOBOT
tägliches training

ich habe gelernt
zu kämpfen
ich habe gelernt
niederlagen einzustecken
ich habe gelernt
vor konkurrenten keine angst zu haben
ich habe gelernt
meine angst nicht zu zeigen
ich habe gelernt
meinem organismus zu vertrauen
ich habe gelernt
meine leistung zu steigern
ich habe gelernt
mich zu verausgaben
ich habe gelernt
mich zu quälen
es war mir eine lehre

WOLFGANG POLLANZ
Der unsportlichste Mensch der Welt

Es nähme mich nicht wunder, wenn Sie mich für einen
Verrückten hielten oder für einen, der Ihnen das Blaue
vom Himmel lügt. Zu absurd ist mein Unterfangen, zu
wenig entspricht es dem Geist moderner Zeit, dem Geist,
der stets vorwärtsstrebt und mehr will, immer mehr. Doch
eben diesem zum Trotz habe ich mir vorgenommen, als
unsportlichster Mensch der Welt zu gelten und als einziger Vertreter dieser Kategorie in das Buch der Rekorde

aufgenommen zu werden. Das Fatale daran ist allerdings, daß ich, um zu einem Erfolg zu gelangen, natürlich jeglichen Erfolg striktest meiden muß. Es bleibt mir also nichts übrig, als auf keinen Fall aufzufallen, da man ja als Unsportler weder erfolgreich noch sonst irgendwie bemerkenswert sein darf. Vollkommen unscheinbar muß ich bleiben, könnte doch alles andere bereits als sportlicher Ehrgeiz aufgefaßt werden, als der Wille, aus der Masse hervorzustechen, andere zu überflügeln, gar Sieger in irgendeinem Wettbewerb zu sein. Ist nicht der Umstand, daß ich überhaupt nach etwas strebe, und sei es nur der Vermerk, daß ich jener sei, der nach gar nichts strebe, schon Widerspruch genug? Doch mein Wunsch nach einer Eintragung in das Guinness-Buch ist nur scheinbar meinem Ziel, der unsportlichste Mensch der Welt zu sein, diametral entgegengesetzt: Ein Zeichen gilt es zu setzen, ein Fanal in dieser Welt der Leistungssportler, Bodybuilder und Finalisten, ein Mal des Widerspruchs gegen die Tyrannei der durchtrainierten Karrieremenschen.

So versuche ich denn eine Balance zu finden zwischen dem, was ich den Unsport nenne, und meinem Wunsch, meinen Namen auf diese Weise in jenes ominöse Buch zu kriegen, einem Wunsch, der schon so manchen Durchschnittsmenschen zu den wildesten und abseitigsten Phantasieausbrüchen angeregt hat. Legion sind all die hoffnungsschwangeren Menschen in aller Welt, die sich Jahr für Jahr an immer beeindruckendere und faszinierendere Weltrekordversuche wagen, indem sie etwa Berge von Tortelloni, fußballfeldgroße Palatschinken und stadtumspannende Knackwurstkränze fabrizieren, oder Wettkämpfe im Dauertwisten, Papierfliegersegeln und Schnellzähneputzen austragen. Anderen wiederum ist's gar von Mutter Natur gegeben, haben sie doch ohne jegliche Anstrengung die begehrte Aufnahme in das Pantheon der Rekordehalter geschafft, weil sie die struppigsten Nasenlochhaare Mitteleuropas, die abstehendsten Ohren der nördlichen Hemisphäre oder den umwerfendsten Mundgeruch des Universums haben.

Bedenkt man die Zahl der Rekordversuche, so scheint es wahrlich ein beruhigendes Gefühl von endlich gefundener Identität zu sein, in diesem Buch zu stehen. Wie erhebend stelle ich es mir vor, wenn man sagen kann, man sei der Weltrekordhalter im Hemdenbügeln, der Mann mit der pelzigsten Zunge Australiens oder Produzent der größten Salamipizza aller Zeiten.

»Gestatten, gnädige Frau«, würde man sich zum Beispiel vorstellen, »mein Name ist Meier, und keiner auf der Welt spuckt weiter als ich.«

Oder man sagte:

»Ich bin der, der als einziger Mensch auf dieser Erde im Handstand von Paris nach Wien lief.«

Oder ganz schlicht:

»Ich bin der Weltrekordhalter im Zwetschkenschnellessen.«

Natürlich entbehrt man nicht einer gewissen Berühmtheit, wenn man im Buch der Rekorde steht. Man geht also nichtsahnend durch eine belebte Einkaufsstraße einer x-beliebigen Stadt und hört, wie die Leute einander zutuscheln:

»Schau, da geht der Mann mit den längsten kleinen Zehen der Welt.«

Oder ein Kind stürzt auf einen zu, bittet um ein Autogramm und fragt:

»Verzeihung, sind Sie nicht der Weltrekordhalter im Dauerfingerschnippen?«

Die Sehnsucht nach Singularität ist es wohl, die die Menschen zu all dem treibt, und – ich muß es gestehen – auch ich bin nicht gefeit dagegen. Doch wie noch einzigartig bleiben inmitten dieser Springflut von Rekorden? Wie unterscheiden zwischen dem banalen Überflüssigen und den wahren Leistungen von Genies?

So manch einer mag seinen Spaß haben an all den kehlkropfigen Jodelakrobaten, den einbeinigen Equilibristen und rasanten Speckknödelverzehrern. Ich für meinen Teil kann all den einfältigen Einfallspinseln mit ihren ausfälligen Einfällen nicht das Geringste abgewinnen. Im Gegenteil! Die können mir mit ihrer Leistungsgeilheit – einer Sublimation fehlender Leistengeilheit wahrscheinlich (aber auch in dieser Disziplin soll es Rekordhalter geben) – meinen rekordeunverdächtigen Buckel runterrutschen. Ich bin und bleibe Minimalist, ich fordere die Anerkennung der Tiefstleistung, ich lasse mir das Diktat der Streber und Erfolgreichen nicht mehr aufzwingen, ich begnüge mich mit NICHTS, mit FAST NICHTS, und das ist mehr, als Sie denken.

In Wirklichkeit bin ich nämlich ein Snob, der sich mit keiner marginalen Existenz zufriedengibt, auch nicht mit einer unter unzähligen Höchstleistungen im Guinness-Buch der Rekorde. ICH suche die wahre Singularität und setze dem Postulat der Einzigartigkeit eine hedonistische Negativ-Singularität entgegen. Natürlich bin ich mir darüber im klaren, daß es nicht klug ist, dies zu verraten, vermindert es doch ganz entschieden meine Aussicht auf Erfolg, da es das Auftauchen von Konkurrenten und Epigonen provoziert. Genau das beabsichtige ich jedoch. Bestimmt gibt es unter den potentiellen Mitbewerbern um den Titel des unsportlichsten Menschen der Welt erfolgreichere, als ich es bin, und jeder der erfolgreich Unsportlichen macht mich zum erfolgloseren, das heißt, zum in diesem Wettbewerb erfolgreicheren Unsportlichen. Wer mich überflügelt, hat seine Chance vertan, und wer erfolgloser sein will als ich, bleibt am besten anonym, nimmt an diesem Wettbewerb am besten gar nicht teil – mit einem Wort, existiert gar nicht. Demnach steht wohl meiner Aufnahme in das Rekordebuch kaum mehr etwas entgegen, zumindest was das Kriterium der Erfolglosigkeit betrifft. Was mir einzig Sorgen macht, ist die Auswahl der Normen, nach denen meine Unsportlichkeit beurteilt werden kann. Wer weiß denn schon, ob es nicht noch unsportlichere Menschen gibt als mich, Unsportler, die sich irgendwo in unsagbaren Gegenden der Welt verbergen, in Landstrichen gar, in denen das Buch der Rekorde keinem ein Begriff ist? Wie soll man außerdem die Gültigkeit von Unrekorden verifizieren, wenn man bis dato stets bloß

Höchstleistungen für merkenswert befunden hat, und keinerlei Aufzeichnungen über die Tiefen des menschlichen Daseins zur Verfügung stehen? Wer die 100 m-Strecke am schnellsten von allen Menschen laufend hinter sich gebracht hat, wer auf Schiern bisher die höchste Geschwindigkeit erreicht, und wer den Speer weiter als alle anderen geworfen hat, ist bekannt. Doch wer hat für die hundert Meter am längsten gebraucht? Wer ist der schlechteste aller Schifahrer? Wer der schwächste aller Gewichtheber? Wie dies messen? Welche Normen anwenden? Die in Verwendung stehenden einfach umzukehren kann nicht genug sein, neue Regelungen, dem Gegenstand adäquat, zu finden ist vonnöten!

Ich sitze hier also bewegungslos und widme mich dem Unsport. lch bewege mich nicht mehr, ja ich bin in Wirklichkeit gar nicht mehr fähig, dies zu tun. Meine Muskeln verfallen zusehends, ich leide unter Muskelatrophie und katatonischen Zuständen, doch keine Krankheit ist es, die mich so dahinsiechen läßt, freiwillig habe ich mich diesem Schicksal unterworfen und diese Untätigkeit gewählt, die meine Muskulatur, meinen gesamten Körper erschlaffen läßt. Eine absolute und endgültige Unkörperlichkeit strebe ich an, den vollkommenen physischen Verfall!

Wer von mir nun maliziöse Bemerkungen über den Sport erwartet, irrt. Ich habe bloß eine der vielen Möglichkeiten von Existenz gewählt und bin nun nicht darauf erpicht, all das schlecht zu machen, dem aus freien Stücken zu entsagen ich mir erlaubte. Gewählt habe ich, und WÄHLEN heißt VERZICHTEN.

Verzichtet habe ich auf einen durchtrainierten Körper, verzichtet auf Bewegungsfreiheit, verzichtet habe ich auf die Lust am Schwitzen, auf das erhebende Gefühl, Höchstleistungen zu erbringen und auf die lustvolle Kasteiung meines Körpers.

Doch habe ich nicht auf etwas verzichtet, das mir fremd ist. Wie habe ich früher doch gelitten! Alles habe ich meinem Körper abverlangt, keine sportliche Betätigung, keine olympische Disziplin war mir fremd. Im Winter war ich ein begnadeter Schiläufer, ich trainierte meine Muskeln in Bodybuilding-Studios und an Heimtrainern, ich war der Star aller Squashhallen und trieb mich in Saunas, Schwimmbädern, Fitneßräumen und Freizeitcentern herum. Im Sommer verbrachte ich mehr Zeit mit dem Laufen als mit sonst etwas, Tennis vielleicht ausgenommen. Keinen Alpenpaß gab es in Europa, den ich nicht per Rennrad erklommen hätte, ich schwamm, tauchte, fuhr Wasserschi, betrieb Leichtathletik und Kickboxen und spielte obendrein auch noch Golf. Ausgesehen habe ich damals wohl wie ein junger Gott, wie Adonis selbst, stets braungebrannt und wohlproportioniert, ich war voller Lebensmut und sprühendem Optimismus, kurzum, einer von den *beautiful people,* ein Mensch mit Karriere VOR und unzähligen Joggingkilometern HINTER sich.

Doch wie ich schon sagte, ich bin ein Snob, ich gebe mich mit keiner marginalen, mit keiner durchschnittlichen Existenz zufrieden. Ich hasse Mediokrität. Gut will ich sein oder schlecht, doch niemals nur mittelmäßig! Ich möchte nicht irgendeiner von Tausenden von durchtrainierten Körpern sein, die alle die gleiche Geschichte, das gleiche Trainingsprogramm und die gleichen Qualen hinter sich haben, die alle in den gleichen Trainingsanzügen stecken und die gleichen Pulsfrequenzen aufweisen! Doch ich war umgeben von Horden tennisspielender Jungunternehmer, von körperbewußten Finanzbeamten und radfahrenden Lehrern; überall waren sie schon, die Fitneßfreaks und Rekordehalter, die Höchstleister und Durchstarter, die sich mit letzter Kraft Unmögliches abrangen. Wozu kasteite ich mich überhaupt? Was wollte ich damit beweisen? Wem konnte ich damit überhaupt noch imponieren? Die Erkenntnis der Sinnlosigkeit meines Tuns überwältigte mich so plötzlich und ungestüm, daß Schwindel mich erfaßte. Ich war nicht mehr fähig weiterzulaufen, sondern torkelte wie betrunken vom Glück meiner neugewonnenen Einsicht nach Hause und schloß mich in mein Zimmer ein, das ich seither nicht mehr verlassen habe. Endlich habe ich gefunden, wonach ich schon so lange gesucht hatte, endlich wußte ich, was ich wirklich wollte, was meiner wahren Natur entsprach: Ich wollte mich nie mehr bewegen und der unsportlichste Mensch der Welt und aller Zeiten werden.

Seit diesem Tage verweigere ich jegliche Art von körperlicher Betätigung. Fettpolster haben sich dort gebildet, wo einst Bizeps, Trizeps und andere Muskeln prangten. Schlaffes Gewebe ist mein Körper, ein Mahnmal, nein, ein Fanal des physischen Verfalls. Ich lasse mich gehen, ich verweigere, ich sieche langsam vor mich hin. Nur ein einziges Ziel habe ich noch: Ich möchte endlich als der Unsportler schlechthin im Buch der Rekorde Anerkennung finden.

»Lieber tot als Bronze!«

Detlef Gerstenberg, Hammerwerfer

»Die gleichen Schanzen, die gleichen Leute, die gleichen Hotels – ehe ich später vielleicht an Krücken gehe, höre ich lieber auf.«

Jens Weißflog, Skispringer

»Ich bin unsportlich und nur mäßig fit, also bin ich gesund.«

Dirk Schümer, Publizist

»Ich brauche jetzt kein Denkmal – da pinkeln sowieso nur die Hunde dran.«   *Franz Beckenbauer*

»Nur Sport? Ich würde wahnsinnig.«

Melanie Paschke, Vize-Halleneuropameisterin im 60-Meter-Sprint

Klimmzug

Das ist ein Symbol für das Leben.
Immer aufwärts, himmelanstreben!
Feste zieh! Nicht nachgeben!
Stelle dir vor: Dort oben winken
Schnäpse und Schinken.
Trachte sie zu erreichen, die Schnäpse.
Spanne die Muskeln, die Bizepse.
Achte ver die Beschwerden.
Nicht einschlafen.
Nicht müde werden!
Du mußt in Gedanken wähnen:
Du hörtest unter dir einen Schlund gähnen.
In dem Schlund sind Igel und Wölfe versammelt.
Die freuen sich auf den Menschen, der oben bammelt.
Zu! Zu! Tu nicht überlegen.
Immer weiter, herrlichen Zielen entgegen.
Sollte dich ein Floh am Po kneifen,
Nicht mit beiden Händen zugleich danach greifen.
Nicht so ruckweis hin und her schlenkern;
Das paßt nicht für ein Volk von Turnern und Denkern.
Klimme wacker,
Alter Knacker!
Klimme, klimb
Zum Olymp!
Höher hinauf!
Glückauf!
Kragen total durchweicht.
Äh – äh – äh – endlich erreicht.
Das Unbeschreibliche zieht uns hinan,
Der ewigweibliche Turnvater Jahn.

196

George Orwell bemerkte einmal bitterböse: »Ernsthafter Sport hat nichts mit Fairplay zu tun: Er ist geprägt von Haß, Eifersucht, Prahlerei, Mißachtung aller Regeln und der sadistischen Freude, Gewalt zu beobachten, mit anderen Worten, ein Krieg ohne den Gebrauch der Waffe.«

Nun, nachdem Sie unser kleines Sportschelte-Büchlein – hoffentlich mit Spaß und Gewinn – gelesen haben, werden Sie sich vielleicht in ihrer Annahme, daß der Titel »Sport ist Mord« doch wohl nicht gar so ernst gemeint ist, bestätigt fühlen. Aber nur spaßig ist er auch nicht gemeint. Die hier gesammelten Texte von Literaten, Dichtern, Sportlern, Philosophen, Essayisten und Journalisten sollen dazu dienen, das Sporttreiben in Geschichte und Gegenwart zu problematisieren, aber auch dazu, seine todernsten Seiten sozusagen von der heiteren Seite her – soweit das überhaupt möglich ist – zu betrachten.

Diese Anthologie ist daher nicht als Lesebuch der gesammelten Vorurteile gegenüber dem Sport zu verstehen, sondern vielmehr werden diese genutzt, um über die heiteren und ernsten Seiten des Sports eine Reflexion einzuleiten. Deshalb finden sich in unserer Textauswahl auch verschiedenste Textsorten der Sportapologie und Sportschelte im 20. Jahrhundert: Texte, die den Sport zur eigentlichen Lebensform stilisieren, die ihn dramatisieren, die ihn heroisieren, aber auch solche, die ihn ironisieren und persiflieren, ja diffamieren und kriminalisieren. Neben dem informativen Sportbericht steht der kulturkritische Essay, neben der Karikatur die Hymne, neben dem Pathetischen das ungewollt Komische.

Am Beginn des 20. Jahrhunderts war für Pierre de Coubertin, den Neubegründer der Olympischen Spiele, der Sport der Souverän. Das ist, obwohl man immer wieder und von allen Seiten hört, daß Sport Mord und Massensport Massenmord sei, so geblieben. Durch eine nichtvorhersehbare Verknüpfung von Politik, Wirtschaft, Medien, Mode und Sport ist die Sportlichkeit zu einem wenig hinterfragten Leitwert in der modernen Kultur geworden. Er bestimmt die Lebensführung von immer mehr Menschen. Gerade deshalb muß der Sport, wenn er seine positiven Selbstgestaltungsmöglichkeiten für die Individuen behalten soll, kritisch betrachtet werden.

Sportkritik ist in diesem Kontext als eine Kulturkritik zu begreifen, die reflektiert, was unhinterfragt gilt. Sie sucht einen dritten Weg zwischen einer unkritischen Sportverherrlichung und einer apokalyptischen Sportverurteilung, zwischen der blauäugigen Apologetik des Sports durch seine Fans und seiner denunziatorischen Kritik durch Sporthasser in Gestalt kritischer Theoretiker.

Sportkritik hat demzufolge nicht nur einseitig zu analysieren, wie durch Sport unmittelbar körperliche Gewalt befördert wird, sondern auch, wie sie transformiert, reguliert und abgebaut wird. Sportkritik kann nicht nur analysieren, wie durch Sport unsere Kultur versinnlicht und verkörperlicht, dem Anschein nach rebarbarisiert wird, sondern sie muß auch sehen, wie durch Sport gleichzeitig neue Möglichkeiten der Zivilisierung von Körperlichkeit und Gewalt entstehen.

In einer Zeit, in der das »Ideal« der Fitneß sich erbarmungslos durchsetzt, werden bekennende Nichtsportler als gesundheitswirtschaftliches Risiko diffamiert und als asoziale Totalverweigerer ausgegrenzt. Das Massenfaszinosum Sport offenbart sich als ein massenhafter Zwang, dem sich der einzelne zu unterwerfen hat, will er in Beruf und Leben bestehen. Wer nicht fit ist, wer nicht sportlich-jugendlich auftritt, beweist, daß er nicht in der Lage ist, sich selbst zu beherrschen und demzufolge auch nicht das Recht haben sollte, andere zu beherrschen. Er erregt ferner den Verdacht, daß ihm elementare Bildung in bezug auf seinen Körper fehlt. Wie aber jemand heute körperlich erscheint, bestimmt, was man von einem Menschen hält und welche Chancen ihm eingeräumt werden. Unsere moderne Konkurrenzgesellschaft stellt sich uns deshalb – in der Vermittlung durch den Sport – als Konkurrenz der Körperlichkeit, als Krieg der Körper dar. Denn der Körper ist eines der wichtigsten Statussymbole geworden, ein Erbgut, ein symbolisches Kapital, mit dem entsprechend umgegangen, das zweckentsprechend bewirtschaftet und verwaltet werden muß, wenn es Gewinn bringen soll. Mögen auch immer mehr unter diesem »Muß« stöhnen, immer mehr verhalten sich – anscheinend freiwillig – danach. Sport mag als »die wichtigste Nebensache der Welt« erscheinen, das sportliche Spiel mag sich Selbstzweck sein, aber es gilt schon längst nicht mehr, daß man Sporttreiben nicht muß und daß Trainieren keine Pflicht ist. Es wurde daher ganz zutreffend bemerkt, daß anscheinend nur noch der Chef häßlich und unsportlich sein darf. Alles unterm Chef braucht augenscheinlich eine vom Beauty-Builder, vom kosmetischen Chirurgen geglättete Stirn und einen abgespeckten und durch Bodybuilding gemeißelten Körper. Bosse können sich nicht nur Plusterbäckchen, Kummerfalten, sondern auch eine Wampe mit Schwimmringen an den Hüften und einen durch allzuvieles Aus-Sitzen entstandenen Rundrücken (noch) leisten. Die müssen sich noch nicht für ihre Fetthügelchen (oder gar Fettberge) schämen, für ihren schlechten Geschmack und ihre Unbildung in bezug auf ihren Körper. Alle anderen Normalsterblichen müssen sich dagegen schon Gedanken machen, wie sie durch Rückenschule Haltung bewahren, durch Bodybuilding den Bauchansatz verkleinern und durch die hohe Schule des Lächelns die Niederschläge im alltäglichen Existenzkampf verbergen können. Auch soziologische Umfragen belegen, daß die, die »gut« aussehen, eher gute und lukrative Jobs bekommen als die, die höher qualifiziert sind. Häßlichkeit und Unsportlichkeit erscheinen da als Luxus, den sich nur jemand erlauben kann, der reich genug ist. Die Karrierealpinisten, die noch im Basislager hocken, müssen sich daher im Fitneßcenter schaffen. Jeder ist schuld an seiner Unsportlichkeit und dem damit verbundenen Mißerfolg. Wer nicht reich ist, braucht einen schönen, sportlichen, jugendlichen Körper als Kapital. Er muß sich durch Sport künstlich verjüngen und erotisieren, um konkurrenzfähig zu bleiben.

Ein gesund erscheinender Körper entscheidet mittlerweile darüber, wie ein gesunder Geist existieren darf! Wir bewegen uns schon längst in Richtung eines neuen »Life style-Rassismus« (W. Grasskamp), der nicht nur davon ausgeht, daß nur in einem gesunden Körper ein gesunder Geist wohnt, sondern davon, daß nur in einem gesunden Körper und Geist ein Mensch noch leben darf!

Insofern der Sport, der sich mit dieser Instrumentalisierung der Sportlichkeit verbindet, körperbesessen und leibvergessen ist, insofern er zur Entseelung des Sporttreibens durch seine Mechanisierung führt, insofern ist der Sport nicht nur geistlos, sondern Mord.

Die Sensationen des Todes, die Sensationen der Sportunfälle mit tödlichem Ausgang sind die Negativkosmetik des Sports, gesammelt und aufgeschrieben von denselben Knochenbruchgewinnlern, die neue Fairneß-Mythen konstruieren. Zur vermeintlichen Fairneß-Ethik des Show-Sports gehört aber zumindest, den Gegner nicht mehr direkt physisch zu töten, sondern ihn leben zu lassen, um ihm zu ermöglichen, daß der Besiegte abermals gegen den Sieger antreten kann, was dem Sieger allerdings auch die Chance gibt, den schon einmal Besiegten wieder zu besiegen und so den indirekten, symbolischen Tod durch permanentes Siegen herbeizuführen. Ein moderner sportlicher Wettkampf zielt demzufolge nicht auf die direkte physische Vernichtung des Gegners, sondern auf die Beherrschung des Gegners nach Regeln. Dies schließt eine geregelte Rücksichtnahme auf den Gegner ein, die durch Fairplayregeln garantiert werden soll.

Fairplay als Verhalten nach Regeln ist also nicht nur ein Verlieren-Können, sondern ebenso ein Siegen-Können. Ein »Guter Sieger« nimmt Rücksicht auf den Verlierer, er nimmt seinem Siegerverhalten selbst die Tendenz des rücksichtslosen Triumphes über den Unterlegenen. Er ist wieder ein Gentleman gegenüber dem anderen! Das Siegen-Können als Können ist ein zivilisiertes geworden, was sich darin zeigt, daß es nicht mehr um den unmittelbaren Tod des Gegners, sondern »nur« um dessen Niederlage in einem entbrutalisierten Wettbewerb von Leistungen geht. Ist dieses Ziel aber erreicht, hält man seine Leidenschaften zurück und schlägt nicht weiter auf den Unterlegenen ein. Zum Siegen vor Publikum ist in der Moderne der wirkliche Tod des Gegners nicht mehr nötig.

Im fairen Sport lebt in zivilisierter Form trotzdem aber die rassistische und kriegerische Überzeugung fort, daß das Besiegen des anderen, der (wenn auch nur indirekte) Tod des anderen den Wert des eigenen Lebens steigert, das eigene Leben reiner, gesünder, stärker, erfolgreicher macht. Die von Michel Foucault kritisch analysierte Regel: »Je mehr Du tötest, je mehr Du sterben machst, um so mehr wirst Du deshalb leben« bestimmt nach wie vor untergründig unsere pazifizierten und zivilisierten Sportspiele. Nur überlegt sich der Sieger strategisch, einer möglichen Fortführung des Spiels und des Geschäfts wegen, wie er »sterben macht« und wie er leben läßt. Insofern ist fairer Sport nur zivilisierter Mord.

Ein Teil derjenigen, die das »Absolutely no sports!« des achtzigjährigen, vor Gesundheit strotzenden Winston Churchill nicht als adäquate Antwort auf die Instrumentalisierung des Sports verstehen, die es weder als Lebensmaxime noch als Absolution anerkennen können, die es also nicht schaffen, Bewegungsarmut, Übergewichtigkeit oder gar Rauchen zur Tugend zu stilisieren, derjenige Teil macht nun auf umgekehrte Art und Weise die Not zur Tugend. Wo Leib und Seele, Umwelt und Gesundheit gefährdet werden, da hört der Sport nicht auf, sondern da fängt er erst richtig an. »Treibe Sport – oder bleibe gesund« gilt schon längst nicht mehr nur für den Hochleistungssport. Nicht erst der quantifizierbare Erfolg, sondern schon

»fun« allein rechtfertigt den hohen Einsatz. »Echter« Sport wird so zum lustigen Risikosport, zum Fun-Sport, der er natürlich immer war, nur mit dem Unterschied, daß nun der mögliche Tod mit immer höherer Perfektion sicherheitstechnisch verplant und daher auch vermarktbar wird.

Durchtrainiert bis zum Umfallen, ist man nun auch bereit, sich selbst zu opfern. Man riskiert sein Leben, um vielleicht doch noch einmal zu erfahren, was das »Wesen« des Lebens ist, wenn man sich seinen Grenzen nähert. Dazu muß man aber eben sein Leben, wenn auch wohlkalkuliert, einsetzen, um es in seiner »Wesentlichkeit« als Endlichkeit erleben zu können.

Kurzum: In der Logik des echten Sports, des um seiner selbst willen betriebenen Sports, liegt es, daß er (Selbst-)Mord bleiben wird und sich dadurch am Leben erhält.

Erlangen/Leipzig, im Januar 1996 *Volker Caysa*

QUELLENVERZEICHNIS

Mit einem Sternchen versehene Überschriften wurden vom Herausgeber formuliert.

ARNFRID ASTEL (geb. 1933)
mens sana. In: A. A.: Notstand. Wuppertal: Hammer, 1968, S. 55. – Mit Genehmigung von Arnfrid Astel, Saarbrücken.

ROLAND BARTHES (1915–1980)
Die Welt, in der man catcht. In: Sport – Eros – Tod. Hrsg. von Gert Hortleder und Gunter Gebauer. Frankfurt a. M.: Suhrkamp, 1986, S. 37–47. – Mit Genehmigung von Gunter Gebauer, Berlin.

ALOIS BRANDSTETTER (geb. 1938)
Der Spitzensportler. In: A. B.: Der Leumund des Löwen. Salzburg/Wien: Residenz, 1976, S. 18–28. – © Residenz Verlag, Salzburg 1976.

BERTOLT BRECHT (1898–1956)
Mehr guten Sport; Sport und geistiges Schaffen; Krise des Sports; Die Todfeinde des Sports. In: B. B.: Werke. Große kommentierte Berliner und Frankfurter Ausgabe. Hrsg. von Werner Hecht, Jan Knopf, Werner Mittenzwei, Klaus-Detlef Müller. Band 21. Frankfurt a. M. [u. a.]: Aufbau und Suhrkamp, S. 119–123, 222–225. – © Suhrkamp Verlag Frankfurt am Main 1992.

MANFRED CHOBOT (geb. 1947)
tägliches training; der turmspringer mit dem holzbein. In: Muskeln auf Papier. Hrsg. von Teddy Podgorski. Wien: Verlag der Österreichischen Staatsdruckerei, 1986, S. 70, 166.

RICHARD DEHMEL (1863–1920)
Radlers Seligkeit. In: Poesie des Sports. Hrsg. von Carl Diem. Stuttgart: Olympischer-Sport-Verlag, 1957, S. 166.

TIBOR DÉRY (1894–1977)
Zur freundlichen Erinnerung. In: Der Querschnitt 12 (1932), S. 388f.

UMBERTO ECO (geb. 1932)
Die Fußball-WM und ihr Staat; Sportgerede. In: U. E.: Über Gott und die Welt. München/Wien: Hanser, 1985, S. 186–199. – © Carl Hanser Verlag München Wien 1985.

FRED ENDRIKAT (1890–1942)
Einem Boxer ins Stammbuch. In: F. E.: Das große Endrikat-Buch. München: Blanvalet, 1976, S. 144. – © 1976 Blanvalet Verlag GmbH, München.

ALFRED FLECHTHEIM
Gladiatoren. In: Der Querschnitt 6 (1926), S. 48 f.

GUNTER GEBAUER (geb. 1944)
Das Spiel gegen den Tod. Epilog. In: Sport – Eros – Tod. Hrsg. von Gert Hortleder und Gunter Gebauer. Frankfurt a. M.: Suhrkamp, 1986, S. 271–281. – Mit Genehmigung von Gunter Gebauer, Berlin.

ROBERT GERNHARDT (geb. 1937)
Geständnis. In: R. G.: Wörtersee. Zürich: Haffmans, 1989, S. 300. – Mit Genehmigung von Robert Gernhardt, Frankfurt am Main.

ÖDÖN VON HORVÁTH (1901–1938)
Begegnung in der Wand; Der sichere Stand; Die drei Gesellen. In: Ö. v. H.: Sportmärchen. Frankfurt a. M.: Insel, 1971, S. 23–25, 28, 51 f. – © Suhrkamp Verlag Frankfurt am Main 1970, 1988.

ALDOUS HUXLEY (1894–1963)
7. Februar 1934. In: A. H.: Geblendet in Gaza. München: Piper, 1953, S. 495–498. – © R. Piper & Co. Verlag, München 1953.

GERALD JATZEK (geb. 1956)
Abgang einer Turnerin. In: Muskeln auf Papier. Hrsg. von Teddy Podgorski. Wien: Verlag der Österreichischen Staatsdruckerei, 1986, S. 169 f.

ERICH KÄSTNER (1899–1974)
Catch as Catch can. In: E. K.: Gesammelte Schriften für Erwachsene. Band 7. Zürich: Atrium, 1969, S. 145–148. – © Copyright by Erich Kästner Erben, München.
Der Handstand auf der Loreley. In: E. K.: Gesammelte Schriften für Erwachsene. Band 1. Zürich: Atrium, 1969, S. 230 f. – © Copyright by Erich Kästner Erben, München.

EGON ERWIN KISCH (1885–1948)
Elliptische Tretmühle. In: E. E. K.: Gesammelte Werke in Einzel-
ausgaben. Hrsg. von Bodo Uhse und Gisela Kisch. Band V. Ber-
lin/Weimar: Aufbau, 1983, S. 227–231. – © Aufbau-Verlag Berlin
und Weimar 1983.

KLABUND (d. i. Alfred Henschke 1890–1928)
Preußen gegen Bayern*. In Klabund: XYZ. Spiel zu Dreien in drei
Aufzügen. Leipzig: Reclam, 1928, S. 52.

FRITZ-JOCHEN KOPKA (geb. 1944)
Sport ist Mord. In: Wochenpost, 16. November 1995, S. 52.

HARALD KRÄMER/KLAUS ZOBEL (geb. 1953/1944)
Am Ende blieb nur Bitterkeit. In: H. K./K. Z.: Marathon. Sportb.
9437. Reinbek b. Hamburg: Rowohlt, 1995, S. 32. – © 1995 by
Rowohlt Taschenbuch Verlag GmbH, Reinbek.

GEORG KREISLER (geb. 1922)
Sport ist gesund. In: G. K.: Lieder zum Fürchten/Nichtarische
Arien. München: Deutscher Taschenbuch Verlag, 1969, S. 42 f. –
Mit Genehmigung von Georg Kreisler, Basel.

GÜNTER KUNERT (geb. 1929)
Alter Boxer. In: Olympische Spiele. Gedichte. Hrsg. von Rainer
Kirsch und Manfred Wolter. Berlin/Weimar: Aufbau, 1972, S. 79.
Rennfahrer. In: Kämpfer im Dress. Hrsg. von Heinz Kulas. Wup-
pertal-Barmen: Hammer, 1969, S. 61. – Mit Genehmigung von
Günter Kunert, Kaisborstel.

GREGOR LAND
Der Sport und die Langeweile. In: Der Querschnitt 13 (1933),
S. 98–100.

ANDRÉ MAUROIS (d. i. Emile Herzog 1885–1967)
Sittlicher Wert des Sports. In: Der Querschnitt 12 (1932),
S. 390 f.

WALTER MEHRING (1896–1981)
6 Tage Rennen. In: W. M.: Hoppla! Wir leben! Berlin: Henschel,
1984, S. 151–156.

REINHOLD MESSNER (geb. 1944)
Ich gehe bis an die Grenze. In: R. M.: Ich gehe bis an die Grenze.
Ein Porträt von Hans-Dieter Schütt. Berlin: Reiher, 1991,
S. 105–110.

KARL MICKEL (geb. 1935)
Siebter Gang. In: K. M.: Schriften I. Gedichte 1957–1974. Halle:
Mitteldeutscher Verlag, 1990, S. 150. – © Mitteldeutscher Verlag
1990.

FRANZ MITTLER
Abhärtung; Alpinistik; Erster Sportbericht; Routine. In: F. M.:
Gesammelte Schüttelreime. Wien/München: Molden-Taschen-
buch-Verlag, 1977, S. 40, 51, 68.

WILHELM PFLEIDERER
Schiller als Sportdichter. In: Poesie der Leibesübungen. Hrsg. von
Carl Diem. Berlin: Reher, 1925, S. 43–45.

ALFRED POLGAR (1873–1955)
Der Sport und die Tiere. In: Der Querschnitt 12 (1932),
S. 392f. – © 1984 by Rowohlt Verlag GmbH, Reinbek.

WOLFGANG POLLANZ (geb. 1954)
Der unsportlichste Mensch der Welt. In: Muskeln auf Papier.
Hrsg. von Teddy Podgorski. Wien: Verlag der Österreichischen
Staatsdruckerei, 1986, S. 235–241.

FRITZ POPP (geb. 1957)
Surfers Abgesang; Frontberichterstattung aus dem Stadion. In:
Muskeln auf Papier. Hrsg. von Teddy Podgorski. Wien: Verlag der
Österreichischen Staatsdruckerei, 1986, S. 21f., 72.

JOACHIM RINGELNATZ (d. i. Hans Bötticher 1883–1934)
Zum Schwimmen; Zum Wegräumen der Geräte; Zum Aufstellen
der Geräte; Zum Keulenschwingen; Box-Kampf; Ringkampf;
Turnermarsch; Am Barren; Ruf zum Sport; Klimmzug. In: J. R.:
Das Gesamtwerk in sieben Bänden. Band I. Berlin: Henssel, 1984,
S. 85–90, 96–98, 145f., 148f., 225f. – © 1994 by Diogenes Verlag
AG Zürich.

EUGEN ROTH (1895–1976)
Der gekränkte Badegast; Leib und Seele; Vergebliche Mühe; Sport; Das Sprungbrett. In: E. R.: Sämtliche Menschen. München/Wien: Hanser, 1983, S. 34, 60, 69, 224, 276. – © Carl Hanser Verlag München Wien 1983.

WERNER SCHNEYDER (geb. 1937)
Über das Bergsteigen*; Über Autorennsport*. In: W. S.: Über Sport. Dabeisein ist gar nichts. Luzern/Frankfurt a. M.: Bucher, 1980, S. 110–112, 149–151. – Mit Genehmigung von Werner Schneyder, Wien.

DIRK SCHÜMER (geb. 1962)
Kampfhunde in Seide. In: Frankfurter Allgemeine Zeitung, 16. Oktober 1995, S. 37. – Mit Genehmigung von Dirk Schümer, Frankfurt am Main.

TONI SCHUMACHER (geb. 1954)
Verletzungstrauma. In: T. S.: Anpfiff. München: Droemer Knaur, 1987. S. 125–137. – © 1987 Droemer Knaur Verlag, München.

AXEL SCHULZE
momentaufnahme: jochen rindt. In: Olympische Spiele. Gedichte. Hrsg. von Rainer Kirsch und Manfred Wolter. Berlin/Weimar: Aufbau, 1972, S. 85.

BOTHO STRAUSS (geb. 1944)
Die Joggerin*. In: B. S.: Paare, Passanten. München/Wien: Hanser, 1981, S. 86. – © Carl Hanser Verlag München Wien 1981.

JANICE TAYLOR
Die Herren Athleten. In: Der Querschnitt 12 (1932), S. 400–402.

FRANK THIESS (1890–1977)
Dichter sollten boxen. In: Uhu 3 (1926), S. 68–74. – © Sigrid Mielke, Darmstadt.

FRANZ WERFEL (1890–1945)
Fußball und Nationalismus. In: Der Querschnitt 12 (1932), S. 435. – © 1975 bei Albert Langen-Georg Müller Verlag GmbH, München–Wien. Abdruck mit Genehmigung der S. Fischer Verlag GmbH, Frankfurt am Main.

PETER R. WIENINGER (geb. 1966)
Joggen. In: morgen 18 (1995), S. 22f. – Mit Genehmigung von
Peter R. Wieninger, Wien.

ROR WOLF (geb. 1932)
Wir schalten noch einmal um. In: R. W.: Das nächste Spiel ist
immer das schwerste. Königstein/Ts.: Athenäum, 1982, S. 287 bis
289. – Mit Genehmigung von Ror Wolf, Mainz.

ABBILDUNGSVERZEICHNIS

Die Karikaturen von Heinz Jankofsky sind entnommen:
Das dicke Jankofsky-Buch. Hrsg. von Sonja Schnitzler. Berlin:
Eulenspiegel, 1995, S. 12, 55, 100, 101, 141, 212. – © 1995 (1994)
Eulenspiegel · Das Neue Berlin · Verlagsgesellschaft mbH, Berlin.
Eulenspiegel 4/1995, S. 33.
Mit Genehmigung der Eulenspiegel · Das Neue Berlin · Verlags-
gesellschaft mbH, Berlin.